人生が変わる「王様思考」

松島 修

SB
サンマーク
文庫

ある日、あなたに一通の手紙が届きました。

KING MIND OR SLAVE MIND

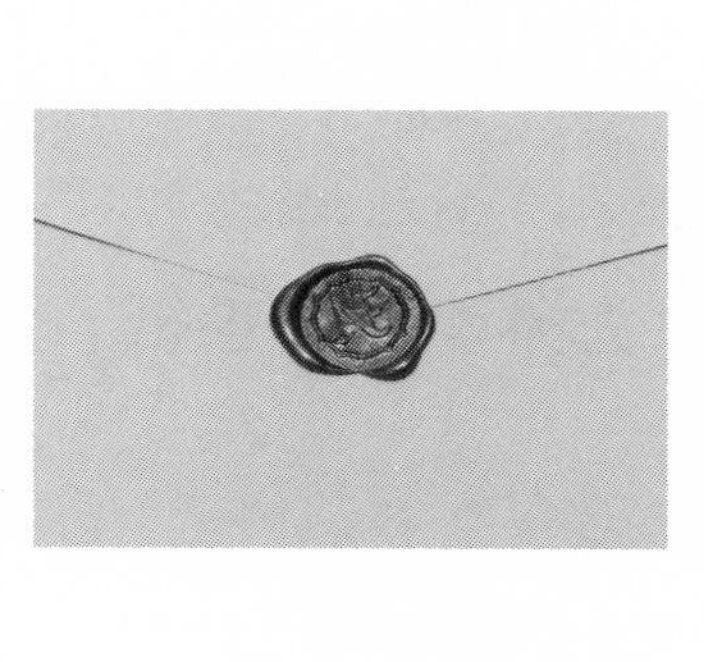

KING MIND OR SLAVE MIND

宛名に、あなたの名前が金文字で書かれ、

蠟で封印された立派な手紙です。

差出人は、

どこの国の人かよくわかりませんが、

海外からの手紙

です。

宛名は、何度見ても確かにあなたです。

何だろうと思って、

おそるおそる開封すると、

ある王様が開催する
パーティーへの招待状

でした。

何かのいたずらか間違いだと思い、

その招待状は机の中に放り込み、

そのまま無視することにしました。

一か月後……。

「ピンポ〜ン」

あなたの家の呼び鈴が鳴らされました。

ドアを開けてみると……。

KING MIND OR SLAVE MIND

ドアの外には、

真っ白な大型の高級外車

が停まっていました。

KING MIND OR SLAVE MIND

車の側には、

黒いスーツに身を包んだ、初老の男性

がたっています。

「先日、私どもの国王から、

あなた様に、

パーティーの招待状を送付させていただきましたが、

お返事がありません。

国王が心配されて、私が、直接お誘いするように、

仰せつかりました」

「えっ……?? 何かの間違いです」

「間違いではありません。

あなたは、わが国の国王から招かれているのです。

なぜなら、あなたも王だからです」

「私は見てのとおり王ではありませんし、

これは絶対に何かの間違いです」

「いえ、あなたは、王です。

あなたは自分が王であることに気づいていないだけです」

「……とんでもない。私が王であるはずがありません」

「そうですか……。

あなたも、
自分が王であることに気づいて
いらっしゃらないのですね。

それでは、あなたが、
王であることをご理解いただくために、
一冊の本を差し上げます。
この本をお読みいただくと、
あなたは自分が王であることに気づくことでしょう。
一週間後の同じ時間に、また伺いますので、
それまでにこの本を最後までじっくりお読みください」

渡されたのは

一冊の本

でした。

そう、

あなたが持っているこの本

です。

KING MIND OR SLAVE MIND

人生が変わる「王様思考」目次

序章
人生を左右する「王様マインド」と「奴隷マインド」

一章　王様の生き方

二章　王様の行動

三章 王様のお金

四章　王様の恋愛・結婚

五章 王様の仕事

六章 王様の教育

終章 あなたが王様になれば世界が変わる

校正：株式会社ぷれす
編集：金子尚美＋佐藤理恵（サンマーク出版）

序章

人生を左右する「王様マインド」と「奴隷マインド」

あなたに必要なものすべてが手に入る

この本を手にとっていただきまして、ありがとうございます、王様。

じつは、あなたは、王様なのです。

え？　王様とはかけ離れた生活をされている？

お金もないし、周りから虐げられる生活。仕事も恋愛も人間関係もうまくいっていない？　……あなたもすっかり、**「奴隷マインド」**になってしまっているのですね。

でも、大丈夫です。この本を読むことで、**「王様マインド」**を取り戻すことができます。そうすれば……。

富、権威、人脈、愛情……あなたに必要なものすべてが手に入るのです。

本来の王様とは？

王様と聞くと、自分勝手で横柄で高慢な王様をイメージするかもしれません。

しかし、それは堕落した間違った王のイメージです。

本書でいう本来の王は、**愛と喜びにあふれ、高潔で知恵と気品と謙遜が備わり、そして大きな富**をもっています。

そして王様は、**国民を愛し、国民を守るためには自分の命を捨てる覚悟ができている使命感をもつ者**です。

また、ここでいう富とは、とても広い概念です。

お金や株・貴金属・不動産などという資産だけではありません。**自分の才能や力、知恵、人間関係、**周りの環境なども含みます。

さらに、富には**自分の周りに平和をつくり出す**こと、また**自分の内側を磨いていく**ということさえも含まれます。

このような富を生まれつきもっているのが王様です。

王様は、最初から王家に生まれ、将来王となるべく育てられ、膨大な富を承継しています。

そして、成人して、使命である王としての働きを始めるまで、膨大な富が使われるのを待っています。

もう一度言います。**この王様とは、あなたです。**

人類の知恵の宝庫「聖書」に隠されていた！

あなたは、もともと王様となるべく、王様の子として生まれました。

信じられませんか？

あなたが**王様である根拠は、聖書にあります。**

聖書によると、人は天を相続する者、つまり王位を継ぎ、王の財産を相続する承継者として創造されています（創世記１・26〜28　黙示録22・５　ヤコブ２・５）。

もちろん、キリスト教やユダヤ教を信じるかどうかや、どこの国で生まれたかは関係ありません。その祝福は、すべての国の人に承継されています。

最初の人間であるアダムとエバ（イブ）は、自然を正しく管理する王として、素晴らしい才能・権威が与えられていました。

アダムとエバの子孫であるあなたも、王家の子孫なのです。

あなたは、生まれながらに王様です。

だから、**王様として生きることで繁栄します。**

ちなみに、この本でお伝えする内容は、聖書にのっとってはいますが、**宗教的な教えでも、スピリチュアルなものでもありません。**

なぜなら、**聖書は宗教書ではない**からです。聖書は人生の指南書であり、普遍的な法則と、私たちの生きる意味や価値について書かれた書物です。

これからお伝えする内容も、**現実社会を生きるための効果的な知恵**なのです。

富と繁栄をもたらす「王様マインド」

王様として生きるとは、**「王様の思考」、「王様の心構え」をもって生きるということ**です。

本書では、これを**「王様マインド」**と呼ぶことにしました。

王様マインドは、次の三原則が基本にあります。

一、あなたの人生には大きな目的があります（最高の目的）

人生には目的があり、それは、与えられている領域において、素晴らしい環境をつくり出すことです。

人生の目的とは使命・天命・天職やライフワークと同じで、生きがいそのものです。

二、あなたは神に似せてつくられた最高傑作です（最高のセルフイメージ）

もともと、王様になるべく生まれ、権威を与えられています。

才能と創造力をもち、麗しさにあふれています。

三、あなたは神から愛されています（最高の原動力）

神から愛されている存在です。

自分が愛されていることが人生のよい原動力になります。

ここで神とは、あなたをつくった存在ですが、天に置き換えていただいても結構です。本書では天と同じ意味で使っています。

この三原則は、**人が幸せで豊かで充実した人生を送るための三原則**であり、**王様マインドになるための三原則**です。

この三原則をきちんと理解して、自分が王様であることがわかると、富と繁栄が待っています。

うまくいかない原因は「奴隷マインド」

あなたも、そしてすべての人も、生まれながらにして王様のはずなのに、なぜ、王様として生きられないのでしょう。

また、富、権威どころか、気品も謙虚な心も失った人が、いかに多いかということをあなたも感じているかもしれません。

その理由は、もともと王様としてつくられたはずの人が**「奴隷」に堕（お）ちてしまったからなのです！**

最初につくられた人であるアダムとエバは、蛇（悪魔）にだまされ、的外れな人生を歩むことになりました。

あなたも同じように、**社会や周囲、世間から、間違った知識を与えられ、あたかも奴隷であるかのごとく思わされているだけ**なのです。

それゆえ、今日では、生き方、仕事、恋愛・結婚、人間関係、教育、投資、お金の使い方など人生のすべての分野が、おかしくなってしまいました。

本来の王様マインドに戻ると一転し、幸せで豊かで充実した人生に導かれ、**本人だけではなく、周りの人にも素晴らしいよい影響を与えていく**ことになります。

本来の王様マインドと、入れ替えられた奴隷マインドを比較すると、世の中の問題点が、とてもシンプルに説明できるようになります。

本質を理解し、問題を解決するための画期的なツールとなるものです。

いまは世の中が大きく変革しているときですが、これは、いままでの隷属的、搾取的な社会が限界にきているからだと思います。

一人ひとりが、本来の王様に戻るべく、揺さぶられている状態といってよいのでしょう。

あなたが、王様として**自分の使命（ライフワーク）に気づき、歩み出すだけで、**

あなたも、あなたの周りも、大きくよい方向に変革されていきます。

マインドセットで幸福な人生に

幸福で豊かな充実した人生を送るために大切なことは、**正しい心構え（マインド）を身につけること（マインドセット）**だといわれています。

正しいマインドをもつことが大切だとわかっても、いろいろなマインドがあって、しかも、仕事・人間関係・恋愛・教育・スポーツなど、それぞれの分野で、必要なマインドが違い、その時々にマインドを入れ替えるとしたら、人生は複雑で大変なことになってしまいます。

でも、安心してください。

たったひとつのマインドが、すべての分野でよい結果をもたらします。

そのマインドが、王様マインドなのです。

王様マインドは、この世で幸福で豊かな充実した人生を送る秘訣（ひけつ）です。最高の成功マインドともいえるものです。

ここで、王様マインドについて、よく陥りがちな間違いをあげておきましょう。

- 王様マインドになろうと努力や修行するのではありません。
- 自分を王様だとイメージすれば、王様のように変化するのではありません。
- ポジティブシンキングとは違い、思い込む必要もありません。
- 深層心理に覚えさせるのではありません。
- 人生の目的（使命）は自分が作り出すものではありません（すでに与えられているのです）。

繰り返しお話ししてきたように、**あなたが王様であることに気づくだけです。**

時が、あなたを待っています。

「王様マインド」「奴隷マインド」あなたはどっち？

いまのあなたが、王様マインドか奴隷マインドかを確認してみましょう。

以下の設問に回答してください。深く考えずに、瞬間的に判断すると正確な結果が得られます。

A

□早くリタイアして、悠々自適で優雅な生活を送りたい
□貧乏から脱してお金持ちになるというストーリーにあこがれる
□がんばって努力してお金持ちになりたい
□バーゲンが好きで、安いとつい買ってしまう
□人から評価されたい
□同じ給料ならば、できるだけ楽な仕事の方がよい
□楽して儲(もう)かるという話はぜひ聞きたい
□自分にはあまり才能はないと思う
□正しく生きるには貧乏の方がよいと思う
□人が成功することはうらやましい

A小計【　　個】

B

□自分のことが好き

□新しいことに挑戦するのが好き

□自分の人生の目的（使命）を理解している

□人生は楽しい

□だれかに依存することは少ない

□自分は愛されていると思う

□他人と比べない

□自分はユニークであり、それを誇っている

□他人の成功は素直にうれしい

□天に生かされていると思う

B小計【　個】

Bの小計からAの小計をひくと、いくつになりましたか？

十に近いほど、王様マインド度が高いといえます。マイナス十に近づくにしたがって、奴隷マインド度が高い状態になります。

あなたは、王様マインドと奴隷マインドの、どちらの傾向が強かったでしょう。

奴隷マインドの傾向が強かったとしても、心配しないでください。

結果を見て、がんばって王様マインドになろうと思ったかもしれませんが、**がんばって王様マインドになろうと思うことが、じつは奴隷マインド**です。

王様マインドになるには、あなたが、もともと王様だと気づくだけでいいのです。

一瞬で、王様への転換が始まります。

自分の努力で王様になろうと思うのは、奴隷マインドです。

私たちは、一人ひとり王様としてつくられたのですが、奴隷マインドにさせられてきただけであり、王様であることに変わりありません。

弱さをもっていたとしても、何か問題を抱えていたとしても、最高傑作としてつくられたことに変わりありません。

王様マインドと奴隷マインドの基本的な違いは次の三点です。

王様マインド　KING MIND	奴隷マインド　SLAVE MIND
自分の人生には目的がある	自分の人生には目的がない
自分には価値がある	自分には価値がない・自分で価値をつける
自分は愛されている	自分は愛されていない

では、次の章から、あなたに王様だということを思い出していただくために、王様マインドとはどういうものかということをお話ししていきましょう。

一章

王様の生き方

この世のどんなものからも支配されていない

ほとんどの人は、気づいていないものの、**何かの奴隷**になっています。

何の奴隷になっているかを理解すると、解放される道が開かれます。

知る方法は簡単です。

何を恐れているか、何に支配されているか、何に依存しているか、何を間違えるか、何に縛られているか、何に素直さを阻害されているかなどの視点で見ます。

すると、何の奴隷になっているかわかります。

太ることを恐れている人は、「ダイエットの奴隷」です。

お酒に依存している人は、「お酒の奴隷」です。

お金を失うことを恐れている、お金に支配されている人は、「お金の奴隷」です。

宗教に依存している人は、「宗教の奴隷」です。

恐れ、悲しみ、欲、妬み、裁く心……などの、悪い感情に支配される人は「悪い感情の奴隷」です。

常識、疑い、不信感、経験や知性といった知識や理性で、素直さが阻害されていれば、「知識や理性の奴隷」です。

的外れなことばかりする人は、「的外れの奴隷」です。的外れとは、「混乱」と置き換えることもできます。的外れとは次のようなものです。

- 自分の人生の目的とは違う方向に進むこと
- 手段と目的を間違えたり、優先順位を間違えたりすること
- 何が正しいか、何が間違っているかわからないこと
- よいことをしたくてもできずに、悪いことをしてしまうこと

何かの奴隷になっている状態は、**本来の姿ではなく、ヴェールで覆われた状態なのです。**そのため、愛されていることや楽しいことを感じとれず、幸福を感じにくい状態です。

王様は、最初から自由で、解放されています。

この世の何の奴隷でもありません。

王様は、天以外のものを恐れず、この世のものに支配されることはありません。

混乱を取り除き、シンプルに生きる

世の中は、もともとシンプルですが、混乱が世の中を難しくしています。

混乱を取り除くことは大切です。

なぜなら、混乱が王様を奴隷にした原因だからです。

持ち物でも、気に入らないモノで山のように囲まれているより、お気に入りのモノが少しあるシンプルですっきりした部屋の方が落ち着くし、満足度が高いはずです。

ショッピングは楽しいものですが、それで、一時的なストレス解消になったとしても、買ったモノが、ストレスになることは避けたいものです。

そもそも、**何かを所有することが人生を複雑にする原因**になります。

たとえば、別荘を買ったら、定期的に使用しないと家が傷むので、行きたくなくてもときどき様子を見に行くことになります。たまに行くと、掃除から始めることになりメンテナンスも必要ですので、家事や雑用が増えることになります。

また、遠隔地なので雪が降ったら雪の心配、台風がきたら台風の心配、盗難や火災の心配と心配事も増えることになり、まさに、「別荘の奴隷」のようになります。**人は何かを所有しているから幸福というわけではなく、むしろ、生活が複雑で面倒になってきます。**

アインシュタインは、奥さんに髭剃(ひげそ)り用の石けんを勧められたときに、「石けんが二種類もあると人生が複雑になりすぎる」と言いました。

ちなみに現在は、洗濯用・食器用・住宅用・風呂用・トイレ用・自動車用・髪用・ボディ用・髭剃り用・ペット用……本当にたくさんの石けん（洗剤）があり、これは、この世が複雑化しているよい例です。

複雑になっている状態は、混乱状態といってもよいでしょう。

本来、自然の法則はシンプルです。混乱によって複雑になっているのです。

王様は、生き方も考え方もシンプルです。

世の中が混乱で複雑化していることを理解し、混乱を取り除くという意識をもつと、自分が王様であることに気づくことになります。そして、普遍的な法則や、**自分に本当に必要なもの、これから世界がどうなるか、など様々なことが見えてきます。**

愛されていることに気づく

人は、恐れ、怒り、悲しみ、欲、妬み、プライドといった、悪い感情の奴隷になってしまうことがあります。そして、その感情で心を支配されて行動することがあります。

「愛されたい」「美しくなりたい」「貧乏に戻りたくない」「地位を失いたくない」「こんな酷(むご)いことは許せない」「いまの苦しい状況から逃げ出したい」「あの人には負けたくない」「あの人を見返してやりたい」「お金持ちになり、幸せになりたい」「負けることはプライドが許さない」

このような感情に支配され、これを動機（原動力）にした場合、ある程度うまくいき、成功したように見えることがあります。

しかし、最終的には失敗に導かれやすくなります。

なぜなら、これらは自己中心的であったり愛が伴わないことから、周りの人を傷つけることがあるからです。気づくと親しい友達や家族は離れ、周りには自己中心的な人ばかり、お金はあっても幸福ではない……という状態に陥ることがあります。

人が**行動する動機で一番よいものは「愛」**です。**愛は支配されるものではなく与えるもの**です。そして、愛は人にとって一番必要なものです。

愛を動機にすると行動や判断基準、方向性などに決定的によい結果をもたらします。子供の教育でも、親からたっぷり愛されている子供は素直に健やかに成長します。

まずは、あなたは神に愛されていることを知ることです。

聖書にはこのように書かれています。

「わたし（神）の目には、あなたは高価で尊い。わたしはあなたを愛している」

神はあなたを愛していて幸せになることを願っています。そして、あなたによいものを与えようとしています。

この愛とは、天に生かされているという表現の方がわかりやすいかもしれません。

あまりに大きいため、知るというより、**気づくもの**です。

人は愛されていることに気づくと幸せを感じ、それを動機にすることで、**成功に導かれ、大きなプロジェクトを推進するパワーにもなります。**

そして、よいものを受け取ることができるようになります。

「最大の不思議」を思い出す

あるサンデー・スクールで、先生が子供たちに次の質問をしたそうです。

「『世界の七不思議』は何でしょうか？」子供たちは、次々と答えました。

一．エジプトのピラミッド、二．宇宙に人が行けること、三．ナイアガラの滝、四．万里の長城、五．超高層ビル、六．コンピューター、七．メキシコの遺跡……。

子供たちの答えは、このようなものでした。

ところが、ひとりの少女が、ずっと悩んでいます。

「世界のことはよくわからないけど、身近に不思議なことがたくさんありすぎて、七つに絞るのは難しいわ」

「何でも思いついたものを言ってみて」と先生が言うと、少女は、しばらくして話し始めました。「私が思う世界の七不思議はね……」

一、見ること

二、聞くこと
三、触ること
四、舌で味わうこと
五、感じること
六、笑うこと
七、そして、愛すること

それを聞いた、先生の心臓は止まりそうになりました。あまりにシンプルで、当たり前すぎて見過ごしていることの中に、生きていく上でもっとも大切で、素晴らしい奇跡的なことがあったからです。

人は、年齢とともに、**物事を素直に見ていたころの感覚**を忘れていきます。目で見たり、耳で聞いたり、舌で味わったりすることを当たり前に思っているかもしれません。しかし、これは日々天に生かされているということであり、奇跡的なことです。そして、**一番の奇跡は愛されていることと、愛することができること**です。日常には日々奇跡があふれています。これは天から愛され、天からの愛があふれていることです。

子供のように素直

どの人も、子供のときには素直に受け取っていたものを、大人になる過程で失っていきます。失うとは、知識や理性などの奴隷になってしまったということです。

・常識（皆が当たり前だと思っていること）の奴隷

私たちは、常識が身につく過程で、常識の奴隷になってしまいました。常識と思った瞬間に、それから先が考えられなくなってしまいます。

・思い込みの奴隷

一度思い込んだら、そこから抜け出るのが難しくなります。思考がループしてしまい、自分で解決できなくなります。

・疑いや不信感の奴隷

懐疑心や批判的な思いでいるときに、新しいものは入りません。不信感をもっている人には、どんなによい話も怪しい話に聞こえます。

・経験の奴隷

過去、経験したものと同じだと判断すると、新規性や深みを読み取ることができなくなります。まったく新しい視点であっても、旧来と同じだと判断してしまいます。知識人・プロフェッショナルほど、過去の経験の奴隷になりやすいです。

・理性

理性や知性で判断できないものは切り捨てる思考をもっています。知能が高い人ほど陥ります。

そして、人が天に生かされていること、つまり、天から愛されていることは、大人になる過程で失われてしまった最大のものです。

日本には、昔から天に生かされているという意識はありました。「天命」「天職」「天才」「子供は天からの授かりもの」「お天道様が見ている」「おかげさまで」……など、どれも天に生かされている意識から生まれた表現ですが、時代とともに希薄になっているかもしれません。

真の成功者には、子供のように素直な人が多いです。そして、王様は、子供のような素直さを持ち合わせています。**素直さは富のひとつ**といってもよいでしょう。

常に感謝の気持ちをもつ

自分が王様であることに気づく一番の方法は感謝することです。

感謝していると、自分が天に生かされていること、愛されていることが、だんだんわかってくるからです。

感謝の気持ちをもつ人は、心穏やかであり、それだけで幸福です。

幸せとは、何かよいことがあるから幸せということではありません。

たとえば、「人間関係がうまくいく」「健康になる」「美しくなる」「収入が増える」ことが幸福にさせるのではありません。

感謝の気持ちをもつだけで幸福になります。そして、**よいことは後からついてくる**ものです。

毎日、当たり前のことに感謝します。

いまの家庭があることを感謝します。

いまの仕事があることを感謝します。

食事ができることを感謝します。

感謝する人には、愛、喜び、平安、寛容、親切、善意、誠実、柔和、自制が宿ります。また、感謝しているときに悪い感情は入りません。

感謝する人は、日々喜びにあふれ、仕事や生活を楽しみ、平和をつくり出す人です。だから、たくさんの人が集まり、人に幸せを与えます。

人に幸せを与える人は、幸せが与えられます。

この順番がわからないと、幸せを遠ざけてしまうことになります。

感謝の気持ちが少ないと、毎日グチや批判、妬みや裁く気持ちばかりで、不機嫌になり、周りの人を嫌な気持ちにさせてしまいます。

被害妄想になり、自分を不幸、愛されていないと感じてしまい、なおさら感謝ができなくなるという悪循環に陥ります。

天から愛されている実感がわかずに、奴隷マインドになっていきます。

感謝の気持ちをもつかもたないかの違いが、大きな差になります。

奇跡が当たり前の生き方

感謝は、人を幸福にする大切な要素ですが、それだけではありません。

すべてのことに感謝することで奇跡が起こります。

すべてのことに感謝するとは、いまの生活、人間関係、環境、仕事、立場などの状況すべてに感謝することで、**よいことだけではなく悪いことにも感謝する**という意味なのです。

つまり、悪い出来事を感謝できるようになると奇跡が起こります。

お金に困っているのであれば、いまのお金の状況に感謝します。

人間関係で困っているのであれば、いまの人間関係に感謝します。

病気であれば、病気に感謝します。

試験に不合格であったら、不合格だったことに感謝します。

悪いときになぜ感謝できるかというと、**すべての出来事に意味があり、最終的に**

益となることを理解しているからであり、天を信頼することになるからです。

天を信頼すると奇跡が起こります。

悪い出来事にも感謝すると奇跡的にその問題が解決したり、新しい道が開けたり、もっとよい状況になっていたりします。

感謝することで、奇跡が当たり前になってきます。

たとえば、どうしようもない酒飲みの夫に対して、感謝できることを無理にでも探して感謝します。

• 毎日、夜遅いけど、家には帰ってくることを感謝
• 会社に毎日出勤していることを感謝
• 土日は酒を飲んでいるけど、家にいてくれることを感謝

こじつけでも感謝していると、突然、夫が酒を止(や)めるなどという奇跡が起こります。

逆境をバネにしてがんばるのではなく、逆境をも感謝することが大切です。

感謝できないようなことに感謝するのは難しいと思うかもしれませんが、悪い出来事に感謝することで奇跡を経験した人には、とても簡単なものになります。

つらい試練によい意味を見つける

見栄えのしない幼虫がサナギになり、そして、サナギから美しい蝶（ちょう）になろうとするとき。

サナギの外皮を破るのに大変な力を使い、長い時間もがきます。

それを見た人が大変だろうと思って、最初から外皮にハサミで切り目を入れて、簡単に出てこられるように手助けすると、その蝶は飛べなくなってしまいます。

なぜなら、外皮から出ようと長時間、もがいて力を使うことで、蝶は羽に飛ぶ力をたくわえているからです。

つまり、蝶にとってつらい試練に見えていたことは、じつは華麗に宙を舞う力をつけるために必要な、一番大切なことだったのです。

私たちの人生も同じです。

一見、悪い出来事も、これからの人生に必要な訓練であり、大きな飛躍のために

必要なものです。

あなたも心当たりがあるかもしれません。過去のつらい経験があったおかげで、よい方向に向かうことができた、ということが。

たとえば、突然の失職は、天がもっと好ましい仕事へ移そうとされているのかもしれません。

いま、想定外の災害や経済不況が続いていますが、これらの試練も訓練であり、国民一人ひとりが的外れの人生から、本来の使命に歩むためのものでしょう。

つらかったことや苦しかったことも、後から振り返ると、必要なものであり意味があったことがわかります。

人間関係のもつれ、大きな事故、災害、病気、失職、投資の失敗などにも、**自分にとって何かよい意味があると思うと、その解決策も、あなたの本来の使命も見えてきます。**

この意識がなければ、チャンスを棒に振ることになり、試練は続きます。

訓練は、飛躍や成功に必要であり、愛されている者にのみ与えられる特権です。

天が与えようとしているよいものを素直に受け取ることが大切です。

本当の成功イメージをもつ

お金持ちになり、ブランド服を着て高級車を乗りまわし、豪邸に住み、自由きままに世界を旅して遊んで暮らすこと……これが成功のイメージと思っている方もいらっしゃるかと思います。

しかし、それは王様マインドの成功ではなく、私たちが植えつけられた間違った奴隷マインドの成功イメージです。この世で豊かに幸福で充実した人生を送ることが成功だとすれば、本当の成功は、神とともに使命に向かって歩むことです。

この地上での本物の成功とは次のようなイメージです。

あなたは、ある島と本土の間に橋をかけるプロジェクトの総責任者です。

素晴らしいデザインで、構造的にも堅固。さらに、メンテナンスも容易な橋をつくるという大プロジェクトです。

この海は常に荒れており水深も深いので、大変な難事業でしたが、神が共にいたのでいくつもの問題を乗り越えることができました。途中では数多くの難題がもち上がりましたが、それを解決する知恵や、たくさんの助けが、絶妙なタイミングで用意されていたのです。島民たちの念願だった橋ができ、利便性が素晴らしくよくなりました。いままで助からなかった救急患者も助かるようになり、すでに、この橋によって何人もの命が助かりました。

人々はこの橋を見上げるたびに美しさに感動し、感謝の気持ちで涙を流す人もいました。しかし、皆、感謝する気持ちはあっても、だれがこの橋をつくったかを考えたことはありませんし、一番苦労したあなたの名前も知りません。

一緒につくってきた神だけが、「愛する子よ、よくやった。あなたは私の誇りだ」とほめ、励ましてくれるのです。

自分の栄光を求めるのは、愚かなことであり、本来の成功ではありません。

私たち一人ひとりに与えられている人生の目的は、このたとえ話以上の、私たちが思いもつかないほど大きなものであり、**永続的に社会によい変革をもたらすもの**です。

いるだけで価値がある

あなたには価値があります。

これは、何もしなくても、**あなたが、ただ、そこにいるだけで価値があるということです。**

なぜなら、あなたは、神に似せてつくられた最高傑作だからです。

これが人として健全な最高のセルフイメージです。この認識があるかないかで、人生は大きく変わります。

健全で高いセルフイメージをもつ人は、自分のことが好きで、いつも安心し、悪い感情をもたずに前向きで、魅力的なので、たくさんの人が集まってきます。

人間関係でも仕事でも恋愛でもよい結果をもたらし、たとえ、想定外の事件が起きたとしても、大丈夫です。それを乗り越えることができるからです。

健全な高いセルフイメージは王様に不可欠です。

反対にセルフイメージが低いと様々な問題を引き起こします。

人はうつ状態が進むと自分には価値がない、消えてしまえるものなら消えてしまいたいなどと思ってしまいますが、これはセルフイメージが極端に低くなっている状態です。

こう思ったとすれば、間違った価値観、つまり奴隷マインドを植えつけられてしまった結果だと知ることが大切です。それは、本来のあなたではありません。

奴隷マインドは、過去の人間関係や教育や社会の中で刷り込まれてきた間違った自己認識です。

このように、客観的に自分のことを判断すると、奴隷マインドの呪縛が解けていきます。

私たちは、それぞれ、ユニークにつくられたものであり、自分の価値に自信をもつことが大切です。あなたの存在そのものに価値があります。

ただし、高すぎるセルフイメージはいけません。

たとえば、自分を他人と比べ、自分が他人とは違う特別の存在だと思うことは高慢です。高慢は奴隷マインドです。没落することになるので注意が必要です。

自分大好き

自分のことが好きな人とは、自分を愛している人です。

人は天から愛されていることから、健全な自己愛が築かれますが、これは自己中心的な自己愛ではありません。

自分を健全に愛する人は、他人を健全に愛することができます。

健全な自己愛は、他人のために、自分の命を犠牲にしてもよいという愛をもちます。

自分を愛せない人は、他人を愛することができません。

自分を愛せない人は、自分を許していないことがあるのかもしれません。

そして、自分を許せない人は、他人も許せなくなる傾向があります。

自分や他人を許せない人は、人生がつらくなってしまいます。

自分を許せない人は過去、何かの事由があったと思います。

自分の内面を見つめて嫌なものを見てしまったり、完璧主義に陥ってしまったりしたのかもしれません。

特に感情が豊かで、自分の内面を見つめることが多い内省的なタイプの方は、自分が許せなくなる傾向があります。

何であんなことを言ってしまったのか、どうしてあのときこうできなかったのかと後悔し、自分を嫌いになり、自分を許せなくなってしまいます。

これは、自分でそう思い込んでいるだけなので、このような思いがわいてきたら、それは自分の本当の思いではないと、切り捨てることがとても大切です。悪いことは積極的に忘れて、気楽になるということです。

もともと、脳はよいことを覚えていて、悪いことを忘れるようにできています。悪いことばかり覚えていると生きていくのがつらくなるからです。

悪いことも悪い思いも、積極的に忘れることが大切です。

王様は、自分が大好きで、自分のことを、とても愛しています。

なぜなら、王様は天に愛されている者だからです。

そして、あなたも愛されている王様です。

自分を許し、他人を許し、自分を大好きになることが大切です。

癒された猫

小学生のアイちゃんは猫が大好きです。

アイちゃんが特に好きな猫はタマです。

タマはお世辞にもかわいいわけでもなく、何か特徴があるわけでもない普通の猫ですが、タマが生まれたときに居合わせたことから、アイちゃんはタマを特別な存在と感じていて大好きなのです。

タマもアイちゃんと遊ぶのが大好きで、いつも一緒に遊んでいました。

しかし、タマは、生まれてしばらくして迷子になったときに、子供たちに、散々いじめられたことから、人間嫌いになってしまいました。

アイちゃんにでさえ、恐れて怖い顔をして近づきません。アイちゃんが近づこうとすると逃げてしまいます。

アイちゃんは、とにかくタマが好きなので、声をかけたり、タマが好きだったおもちゃで誘ったりしますが、まったく無視されます。餌をあげてもだめです。

最後にアイちゃんは、餌をあげるときに、にっこり笑って目を見つめ、軽く手を振るようにしました。何回も何回も繰り返すうちに、本当に少しずつですが、だんだん、タマに近寄っても逃げないようになってきました。

ある日、いつものように、餌を持って、軽く手を振っていると、タマの方から、少しずつ少しずつ近づいてきました。

そして、なんと餌を食べ終わると最後には、ひざの上に乗ってきたのです。

アイちゃんは、タマを何度も何度もなでてあげて、抱きしめました。

アイちゃんの気持ちがタマに通じたのです。アイちゃんは、うれしくて思わず涙があふれてきました。

アイちゃんになついてから、タマは他の人にも同じようになつくようになりました。

いまでは、タマは暖かい日差しの下、アイちゃんのお父さんのひざの上で、うたた寝をするまでになりました。

タマの心の傷は癒されて、もう人間を恐れなくなりました。

恐れの奴隷から解放され癒されたのです。

愛情は常に注がれていて、少しずつかもしれませんが、理解されます。

二章

王様の行動

人生に大きな目的がある

どの人の人生にも目的があります。人生の目的は、ミッション・使命・ライフワークという表現もできます。

どの人の使命にも共通していることは、**この地上を天国のような素晴らしいところに変えていくこと**です。そして、これが幸せの秘訣でもあるのです。

あなたも、王として与えられた領域である自分の周りの様々な分野――家族や知人、友人、会社や学校、コミュニティー――などを通じて**社会をよりよいものに変革していくことと、自分の内面を磨いていくことが使命**なのです。

また、一人ひとりに与えられている使命や領域、役割は異なっています（その資質の見極め方は拙著（せっちょ）の『聖書に隠された成功法則』『聖書に隠された性格分析 ケルビム・パターン』にくわしく出ていますので、興味がある方はご一読ください）。

しかし、自分の人生の目的と思っていることが、最終的に自分自身の地位や名声のみにとどまり、社会をよりよい方向へ変革していかないのであれば、その目的は天から与えられた目的ではありません。

人は他の人を幸福にすることで幸福と感じるものです。自己中心的な人は、真の成功者ではありません。真の成功者は、自分の周囲の人を成功に導くことを考えます。また、天の助けなしに自分の努力だけで達成できる程度の人生の目的も、やはり天から与えられた目的ではありません。

あなたに与えられた目的は、あなたも、周りの人も気づかないほど大きな目的です。これは、すぐに会社を辞めて独立したり、家庭を飛び出したりするという意味ではありません。

いま、与えられている場所で使命感をもつことも大切です。下積みも使命に向かって歩む大切な訓練のひとつだからです。

ビジネスマンであれば、ビジネスを通して、世の中をよい方向に変革させる者が成功者です。専業主婦であれば、家庭やその他の領域を任されており、それは重要な意味をもちます。子育てや夫を励ますこと、家族の健康を気づかうことも、とても大事な使命です。

権威を与えられている

あなたが使命に向かうとき、そこには「権威」が与えられているので、**知恵や人脈やチャンスやお金が備えられ、道が開かれていきます。**

権威があるということは、影響力があるということです。影響力があるとは、周りがあなたの言うことに耳を傾け、動きが出てくることです。

与えられた権威によって使命に進むときには、最初に「知恵」が与えられることが多いものです。

本を読んでいて、人との会話の中で、夢の中で、斬新な知恵やアイデアが浮かぶことがあります。優れた知恵やアイデアの多くは天から授かったものです。

この知恵とは、人を励まし、人を建て上げ、世の中をよい方向に永続的に変革していくものであり、いままでにない創造的なものです。

これは一見、ありきたりで、シンプルすぎて見落としてしまうようなものですが、大切なことであったり、失われていた価値に気づかせるものだったりします。

知恵が与えられたら、その方向に進んでみるとよいでしょう。

行動してみることで、権威が与えられているかどうかがわかります。

あなたの使命（人生の目的）であれば、道が開かれていきます。

たとえば、与えられた知恵を本にするために原稿を書き始めると、ある時点から、どんどん出版の道が開かれ、また、進む過程で、さらに新しい知恵が与えられるでしょう。無理やりこじ開けるのではなく、開かれていくことになります。

そして、その本を読む人は励まされ、豊かな人生に導かれ、大きなムーブメントにつながります。

このように、行動とその結果（実）から、使命を確認していくことができます。

ただし自分ではよい・正しいと思っていた行動でも、長期間、実を結ばないのであれば、それはあなたの使命ではないか、知恵を使っていないなど、何か的外れなことがあるのかもしれません。

特に、行動することで体験となり、体験から自分の目的・使命を確認していくという視点は大切です。行動しないと、未来はつくれません。

最高のチームで共存共栄

あなたに与えられた目的は、あなたも、周りの人も気づかないほど大きな目的です。**ひとりでできてしまうようなことは、人生の目的ではありません。**

天とつながり、他の人を巻き込んでいくようなものが、あなたに与えられた人生の目的です。

そして、あなたに与えられているプロジェクトは、大きなものであり、ひとりで達成することはできませんので、協力者との役割分担が必要です。

私たちは、一人ひとり、ユニーク（個性的）な王様としてつくられています。お互いがお互いを尊重し合い、共存共栄していくことが大切です。

そのプロジェクトに参加する人は、**各自が与えられた分野で王様として、自主的、主体的に参加することになります。**

だれが上でだれが下ということではなく、それぞれが器官です。

頭と手と足と、どれが優れているかということではなく、それぞれの器官が**お互いの機能をよく理解して、調和をもって働くときに、全体として正しい目的に向かって歩むことができます。**

個々の器官だけを見ると、どれも不完全だったり、頼りなく見えたりするかもしれませんが、その器官がないことで、全体の器官が調和を失うことになります。

たとえば、耳の中にある、三半規管(さんはんきかん)は、一見、小さい、取るに足りない器官に見えるかもしれません。

しかし、その器官がないと、全体のバランスを欠いて満足に歩くこともできなくなります。

このように一見、小さい、取るに足りないように見える器官も大切な役目を担っています。

小さい器官ほど必要なものです。

一つひとつの器官が、お互いの機能を尊重することで、素晴らしい働きができるようになります。

皆が幸せになれる社会システムをつくる

あなたの人生の目的を達成するためのチームは、最高のチームです。

このチームメンバーは、たまたま出会ったというより、あなたが、真面目に使命に取り組んでいる姿を見て、心を動かされ賛同して集まってくる人たちです。

この人たちと一緒に歩むことで、あなたの目的はさらに明確になります。

なぜならば、**一緒に目的に向かって歩む賛同者はよき助言者にもなる**からです。

同じ目標に向かって、それぞれの視点で見て、知恵と力を合わせることで、プロジェクトが明確になり、加速します。

このときに、それぞれ自分の役割や目的がさらに明確になってきます。

お互いが尊重し合う、共存共栄していく関係です。

奴隷マインド的な社会の人間関係は、どうしても上下関係や、一方向にだれかがだれかに依存する傾向が強くなります。

一方、王様マインドは、**お互いが助け合う関係**です。

これは、調和を愛する日本人がもともともっていたアイデンティティといってもよいでしょう。

日本では昔から長屋という文化がありました。

ひとつの屋根の下にたくさんの家族が住んでいて、お互いに協力し合って、全体が大きな家族のような生活を送っていました。

だれかが特定の役割を担うこともありますが、必要に応じて手助けをします。

お互いが助け合う共同体のような存在です。

これは、欧米の主従関係が明確な文化との違いです。

日本は民主主義でありながら、社会主義がもっとも進んだ国ともいわれますが、これはお互いが助け合うという意識を、日本人がもっていたからなのでしょう。

共産主義が崩壊し、資本主義や、いまの日本のシステムも問題の先送りで、危うくなってきています。

本当に皆が幸せになれる社会システムは、**一人ひとりが王様マインドになることで、日本から生まれる**ように思っています。

王様のリーダーシップ「サーバントリーダー」

一般的にリーダーシップと聞くと、ひとりのカリスマ的な人がいて、その人の後に皆がついていくというスタイルです。

カリスマリーダーがいなくなると、国や会社や組織は崩壊します。

その反対のリーダーシップが「サーバントリーダー」です。

サーバントは召使いという意味ですが、サーバントリーダーは王様のリーダーシップです。リーダーのために部下がいるのではなく、**部下を支えるためにリーダーが存在するという視点**です。

上司は部下の自主性を尊重して、部下の成功や成長を支えることに専念します。

結果的に、お互いの信頼関係が生まれます。

組織全体が同じ目標やビジョンをもつことで、上司が組織を導くのではなく、自立した一人ひとりが能動的に組織を導いていき、全体の目的を達成します。

全員がサーバントリーダーの意識をもつ国や会社は、**一人ひとりが自分の領域で王様ですので、トップがいなくなっても、組織は崩壊せずに存続**します。

組織が二つに分断されても、それぞれが、きちんと機能することになります。

これは、ある種のヒトデが半分に切られても、それぞれが再生して二匹のヒトデになることと同じです。

このような組織はインターネット企業の特徴である権限分散型の組織であり、いまは、このような組織が伸びています。

インターネットにつながっている一人ひとりが、独立した王様であり、流動性が極めて高い組織をつくることができます。

さらにはネットワークコンピューター自体が、個々に独立したコンピューターをネット接続し、全体でひとつの演算をする仕組みです。コンピューターが何台か壊れても問題ありません。

国も会社も全員が王様としてサーバントリーダーになると、危機に強い最強の理想的な組織となります。

変化が激しいいま、求められているのがこの形態の組織です。

本物の成功を目指す

成功とは、**この世で豊かに幸福で充実した人生を送ること**です。

百年ほど前から、成功するための法則を見出(みいだ)そうとする試みがなされ、多くの成功法則とされるものがあふれました。

それらの成功概念は、「自己実現」という、自分の定めた目標を達成することが成功だという発想が根底にあるものが大半です。

そのため、成功は努力してつかみ取るものという解釈になります。

「とにかくがんばる」など自己中心的な思いや、動機に不純なイメージがつきまとう場合もあります。

いままでいわれてきた「一般的な成功」と、王様が実現する本来の成功は、次のように大きな違いがあります。

本来の成功（王様マインド）	一般的な成功（奴隷マインド）
天が定めた目的を実現すること	自分が定めた目的を実現すること
社会に永続的によい影響を与える	社会との関係が薄い
人生には目的がある	人生には目的がない

たとえば、自己実現のために、次のように目標設定したとします。

- 会社を上場させる
- 年収一億円を目指してがんばる
- ダイエットして十キロ痩せる

もしこれらの目標が自己中心的なものであり、目的と手段を間違えているとすれば、これを達成しようと努力して不幸になる人もいるでしょう。

一方、本来の成功とは、「**人生には目的があり、その目的を達成することは、本人が幸せになるのはもちろん、周りや社会に永続的によい影響を与えるもの**」です。

これを聞いて違和感をもたない人は王様マインドです。

自分がやらなくていいことはやらない

葬式のときに集まった人数で、その人の評価が決まるわけではありません。また、一生でどれだけよいことをしたかで、その人の評価が決まるわけでもありません。

人は死ぬときまでに、**自分に与えられた人生の目的をどれだけ達成できたか**で評価されるのです。これがわからないと、的外れな人生を送る可能性が高くなります。

自分がやらなくてもよいことはやらないこと。

これは、自分が嫌なことは行わないという意味ではありません。

優先順位を間違わず使命に集中することが、あなたの一生の価値を決めます。

人生の目的に向かわない的外れは、結果的に貧困に陥り、お金だけではなくすべての富から遠ざかることになります。使命に生きるのであれば、すべての富がついてくるので使命は富の源泉ということができます。

器用貧乏という言葉があるように、いろいろな分野に才能がある人は、力が分散して大成できず、貧困に陥ります。

特に、よい人、優しい人ほど、貧困に陥る可能性が高くなるかもしれません。よい人、優しい人は、頼まれて「たくさんのよいこと」を引き受けてしまうからです。「たくさんのよいこと」をする人は、賞賛されるでしょうし、自分も、満足するゆえに、使命をおろそかにしていることに気づきません。

一つひとつがよいことであっても、それらに時間を消費することで、自分の本来の使命をおろそかにして貧困に陥ります。

貧困とは、知恵や、世の中をよく変革することも含めた広い意味での富を失うことです。与えられていたよい影響力さえ失います。

王様は限られた領域で権威が与えられていることを知っており、自分の使命をおろそかにしません。そして、他人の領域のことに力を注ぎません。

もちろん、若いうちは様々な体験をすることも必要ですし、最終的な使命にたどり着く前にたくさんの経験を積むこともよいでしょう。

しかし、大事なことを成し遂げなかった人は、使命以外のことに力を入れすぎて、使命に集中しなかったことが原因です。**自分にしかできないことをする**のです。

完璧でなくてもいい

真面目な人ほど、理想を求め、そして完璧さを求める傾向があります。使命に向かいたい純粋な思いが、気づくと完璧主義にたどり着いているのです。

この完璧主義は人を不幸にします。

完璧主義に陥ると失敗ばかりが目につき、常に満足できなくなります。完璧にできないことはやらなくなります。

また、前向きな考え方ができなくなり、他人が完璧にできていないことを批判したくなります。

完璧になろうとする思いは、がんばろうという思いになり、自分ががんばろうという思いは自己中心的です。

人は最高傑作としてつくられた者ですが、**完璧にはできないことも理解し、受け入れることが大切**です。

王様は、自分の力や努力で王様になるのではありません。

天から任命されたから王様です。

自分や他人に対して寛容であることは王様としての余裕です。

自分の奴隷マインド部分を見つけても、それさえ認めることが王様です。

自分が失敗してもネタが増えたと笑い飛ばせるのが王様です。

王様は、天を信頼し、委ねます。**自分がやるべきことはしっかりやり、任せるところは任せるバランス**が大切です。

ルーズでよいということではありません。

どうでもよいことにこだわらない寛容さも王様マインドです。

どうでもよいことにこだわる人は、全体が見えていないため、一番こだわらなくてはいけない人生の優先課題をいい加減にするものです。

ただ、世の中のほとんどのことは、いい加減でもよいかもしれませんが、自分が使命に向かうという点には、こだわることが大切です。

ティーブレイク・ストーリー

間違った成功と本来の成功

田中さんは、貧しい暮らしは嫌だという思いから、がむしゃらに寝る間も惜しんで働いてきました。自己実現のために成功本もたくさん読みました。年収一億円を目標に設定し、どんな商売が儲かるか、どうすれば目標を実現できるかを常に考え、最終的にレストランをチェーン化することで、年収一億円の目標を達成しました。

年収一億円記念パーティーを開くため、案内状リストを見ていたとき、田中さんは気づきました。昔の友達や人徳のあるような人は離れ、お金しか考えない人ばかりの名前が並んでいることに……。会社には最近は高学歴の人材も入社してきますが、なぜか仕事ができる人ほど辞めていき、イエスしか言わない社員ばかりが残っています。家族も、離婚したためバラバラです。

また、常に財産を奪われるのではないかと心配になるので、自宅の窓は泥棒が入らないように特注の防弾ガラスで要塞のようにしました。

このことを、唯一自分のもとから離れていかなかった昔からの知人、山田さんに話しました。すると、「このような窓の住宅は、住んでいる人たちが逃げることができない危険な住宅」と指摘されてしまいました。

その瞬間、田中さんは自分が何か根本的なことを間違えている気がしてきました。

一方、この山田さんは、「安全な食べ物を守りたい」という使命感から、安全でおいしい農産物を普及する仕事をし、農家を回って生産者を励ましています。利益はとても少ないですが、生産者も消費者も喜ぶ、やりがいがある仕事です。そして何より、皆に感謝されてお金をいただけることがうれしいのです。

山田さんのその姿を見て、優秀な人が無給でよいからと、仕事を辞めて手伝わせてほしいとやってきます。それを契機に、やるべき使命がより明確化してきました。

しかし、ある日突然、搾取的な仕組みをつくり上げてきた会社から圧力をかけられ、窮地に追い込まれました。ところが、圧力をかけたことが公に報道され、生産者と消費者を敵に回すことになり、その会社は倒産。そこから山田さんのビジネスはいっきに拡大。これが海外からも注目され、先日は某国の大統領までが、会いたいとやってきました。山田さんの一言一言に、皆が耳を傾けます。

山田さんの家族は仲がよく、長男の高義（たかよし）も小さいころから親の姿を見て育ち、最近は食べ物に興味をもち始めたので、将来が楽しみです。

三章

王様のお金

お金儲けを目的としない

ビジネスでも投資でも、お金儲けを目的にする傾向があります。

しかし、じつは**お金儲けを目的にすると貧困を招き、富を失う**ことになります。

これは、多くの人にとって衝撃的なことだと思います。

富とは、お金などの資産だけではなく、才能・知恵や人間関係、環境、そして、自分の周りに平和をつくり出すこと、また自分の内面を磨くことも含みます。

お金は使命のために使うものです。使命は、人に与えられている最高の富であり、富の源泉といってもよいでしょう。

なぜなら、使命に向かって歩むときに、人は幸福で充実した人生を送ることができ、また、お金やすべての富が備えられていくからです。

もし、お金儲けを目的にすると、自分の使命を否定したことになります。

使命に生きることが富の源泉なので、**使命を否定することは、富を否定すること**

になり、富の否定は貧困を招きます。

お金儲けを目的にして一時的にお金持ちになれたとしても、その後、没落したり、幸せなお金持ちになれなかったりするのはこのためです。

お金儲けを目的にすることは、お金の奴隷になることです。自分の人生をお金に捧げることになります。

札束で頬をたたくという表現がありますが、お金を積まれることで、不本意なことや、非合法なことをする、また、お金を積めば相手をコントロールできると思う気持ちは、奴隷マインドの発想です。

王様は人をコントロールしようと思いません。

王様は使命に生きる人なので、お金儲けを目的にしませんし、いくらお金を積まれても、本意ではないことはしません。

むしろ、お金を積まれれば積まれるほど、相手にしないものです。

王様は天のすべての富の相続人であり、王様になることは、大きな富を受ける資格を得ることです。お金を目的にする人は、それに気づいていません。

富を創造する

「富は限られていて、自分が富を得ると他の人の富が減る」

このように思っているとすれば、それは奴隷が、限られた富を奪い合う発想です。**富は創造するものです。**

人は、神に似せてつくられ、神は創造する者です。だから、**あなたにも創造する力が与えられています。**

創造的な仕事をする人には高い給料、高い報酬が支払われます。

創造性を発揮すると、単に自分の給料や報酬がよくなるだけではなく、周りにも社会にもたくさんの富をもたらします。

富とは、お金などの資産だけではなく、才能・知恵や人間関係、環境、そして、自分の周りに平和をつくり出すこと、また自分の内面を磨くことさえも含まれますので、これらの富のすべてをよい状態に拡大していくことが富の創造です。

投資や仕事だけではなく、ボランティア、趣味や交友など、すべての分野において富を創造することが求められています。

この富の概念をしっかり理解することが大切です。

創造する才能は限られた人だけではなく、皆に与えられています。

ここで、大事なことは、創造性の高いものとは、皆が目を見張るようなすごい発明とか、○○賞を受賞した作品のような目立つものとは限りません。

むしろ、**聞いてみれば、当たり前に聞こえるものの、言われてみなければ気づかないようなもの**なのでしょう。

なぜなら、世の中はシンプルだからです。

ちょっとしたアイデアやいままでにない視点が、あなたの周りをよい方向に変えることがあります。

創造性を発揮するのは難しい、自分には何も才能はないと思っていたとすれば、それは奴隷マインドの発想です。

自分には才能があり創造は簡単と思うこと、自分に自信をもつこと、自分が与えられている領域で王様だと理解することが富の創造に大切なことです。

使命のためにお金を使う

お金は目的ではなく手段なので、お金の使い方でその人の価値観がわかります。

おいしいレストランで好きな料理を食べたり、旅行をしたり、人生を楽しむことはよいことです。しかし、本来、お金は使命に向かうために使うものです。

たとえば、勉強のための本購入、セミナーへの参加、留学などの自分への投資。交流を広げるためのキーマンとの食事。パソコンや楽器など必要なツールの購入。子供の教育費などもあります。

自分へのごほうびで何かを買うのは悪いことではありませんが、自分の見栄やプライドを満たすためにお金を使うことは好ましくありません。

- 流行遅れと言われたくないので、最新の流行の服を買う
- 高級ホテルに泊まると自分のセルフイメージが高くなるので、高い部屋に泊まる
- 隣人が高級外車を買ったので、自分も見栄を張って高級外車を買う

このようなお金の使い方は、奴隷である自分を王様に見せたい、王様になりたい、奴隷は嫌だと思う意識からくるものです。

王様はたとえ、いまボロを着ていても、貧困の中にあったとしても、王様としての価値に変わりありません。人がモノを買うことで、幸福を感じたいと思うのは、何か欠乏感があって、その欠乏感を満たそうと思うからです。

ショッピングは楽しいものであり、いけないわけではないですが、ショッピングが自分の欠乏感を埋めるためであれば、それは危険です。

なぜなら、**モノではその欠乏感は埋まらない**からです。

車や家など高価なものを買えば欠乏感を少しだけ埋めるかもしれませんが、ずっと続くわけではありません。

モノを買うことで欠乏感を埋めようとすれば浪費になり、後悔するものです。

奴隷マインドのお金持ちほど、モノで欠乏感を埋める傾向があり、それは刹那(せつな)的です。王様は、いつも感謝しているので、貧困の中でさえ欠乏感がありません。

これも、王様に与えられている富であり、永続的なものです。

危機をメリットに変える

投資をする際に、新聞やテレビのニュース、ブログなどを見て、できるだけ多くの情報を集めようとします。

そして、大量の情報を得て、結論を出したときに、その人は大衆心理となり、大衆心理は確信をもって間違え、損をすることになります。

大衆は欲と恐怖で行動します。そのため、投資では上昇している相場に乗り遅れたくないと一番の高値（天井）で買って、暴落している相場では、自分の資産の目減りを止めたいという恐怖から一番の安値（大底）で売ることになります。

奴隷は皆と同じであることで安心し、欲と恐怖で動きますので、大衆心理は、まさしく奴隷の心理であり、奴隷マインドです。

投資では、金融危機などで、相場が大きく暴落したときに、そのものの価値が落ちたわけではないのに、市場価値を無視して下落することがあります。

ファンドなどに解約が殺到して、ファンドの清算をするために泣く泣く売りたくないものを売るときです。

ここで、大きく下げたときに、大底の安値で資産をたたき売って処分する人から、大底を待っていて安値で買う人に、富が移動することになります。

人が投げ売っているものを買ってあげることはよいことです。

なぜなら、ここで買う人がいなければ、相場はさらに下落して、破産する人が増えてしまいます。借り入れをして投資をする人もいるからです。

奴隷は大衆心理になり、損をしますが、王様は客観的な視点をもち、知恵を使い、冷静に備えますので、富を得ることになります。

つまり、**知恵を使わず準備してこなかった人から、知恵を使って準備していた人に富が移動します。**

いまは、大きな変革のときで金融危機・想定外の災害が続く時代であり、一番安全な株といわれていた東京電力株が、一夜で一番危険な株になる時代です。

王様は、知恵を使って準備しておくことで、危機をメリットに変える者です。

大きな富を受け取る器

大金をもつことは身を滅ぼし、貧困を招きます。お金を失うから貧困に陥るというわけではありません。人は大金を得ることで、貧困に堕とされることがあります。

宝くじで大金が当選した人は、その後破産したり、当選する前より、お金に困ったりすることが多いといわれています。

大金が入って、家を買い、高級車を買い、そして、いまの仕事は向いていないと仕事を辞め、すぐにお金を使い果たし、定職もなくなり、あっという間に破綻です。

収入を増やすことなく、支出を増やしてしまった結果です。

投資でも似たようなことがあります。ある年大きく利益になり、その後、破綻して大金を失うケースです。たまたま大きく利益になって有頂天になった翌年、慢心して大きくマイナスになるということをよく耳にします。

大金をもつに相応(ふさわ)しくない人が大金をもつことは

しかも、慢心のせいか、納税していなかったために翌年に税金が支払えずに破産し、一家離散してしまうというケースがあります。

税金は破産しても免責（帳消し）にならないので、大変なことになります。

このように、一時的に大金を得るがゆえに貧困に堕とされることが多いものです。

また、莫大な遺産を相続した人は、自分の資産を相続で減らさないこと、そして、相続税を安くすることを人生の目的にしてしまいます。

相続税を安くすることを人生の目的にした人は不幸です。

なぜなら、非生産的な税金を下げるという、ある意味社会貢献とは反対方向に専念することが、人生の目的になってしまうからです。

節税が悪いと言っているわけではありません。節税すべきところは節税すべきです。

しかし、節税することを人生の目的にしたとき、貧困を招くことになります。

お金が入る前に自分の内面（器）をしっかり磨き、きちんと相続財産を管理できる人に任せ、自分は使命に徹することが大切です。

お金がないのは器ができていない、つまり批判や裁く心をもつ奴隷マインドが理由かもしれません。自分の内面を磨くことは大きな富のひとつでもあるからです。

富を否定しない

大金を手にしたことで破綻したり、お金を人生の目的にして堕ちていく人たちを見て、お金は悪いものという見方をしてはいけません。

富の源泉は天にあり、天の祝福が人を富ませます。

王様は天の祝福を受ける者です。

お金も富もよいものですが、お金を目的にしたり、使い方を間違えたり、欲をコントロールできなくなることで、身を滅ぼしていきます。

清貧という言葉が、「お金持ちになることが幸福ではない」という意味で使われていれば、それは正しいことですが、「貧しくなくては正しく清く生きられない」という意味が含まれていたとしたら、それは間違いです。

一見、似ている概念に見えるかもしれませんが、まったく異なる概念です。

富を否定することは、天からの祝福を否定することになり、その人に与えられているすべての富を否定することになります。

結果としてお金はもちろん、自分に与えられている才能、権威、つまりよい影響力さえ失うことになります。

そして、お金持ちを見ると、裁く気持ちや、妬む気持ち、批判的な思いがわいてきて、それこそ、幸福感とは正反対の方向に導かれていきます。

お金を目的にすると貧困を招きますが、お金を否定しても貧困を招くのです。

そして、本来与えられていた権威、つまりよい影響力も失います。

裁く気持ち、妬む気持ちはもちろん、お金を目的にすることや、お金や富を否定するのは奴隷マインドです。

マザー・テレサは、お金を目的にしませんでしたが、世界的規模の活動ができたのは、天の祝福が人を富ませることを理解し、お金の使い方や自分の使命を理解していたからでしょう。

それゆえ、奉仕の分野を超えて、世界に大きなよい影響を与えることになりました。

大きなよい影響力とは権威のことであり、権威も天から与えられた大切な富です。

大金を失うことの意味を知る

時に、人生ではお金を大きく失うことがあります。

投資や事業の失敗、盗難、詐欺、災害、予想外の大きな出費、貸したお金が返ってこない……などです。

大きくて優良で安心だと思って勤めていた会社が倒産したり、自分の部署が解散して、突然解雇になったり、あると思った退職金が突然なくなることもあります。

このようなときには、**何か大きな意味**があります。

自分の人生の目的（使命）に向かって歩むきっかけだったり、お金を目的にして生きてきたことへの警告だったりするのかもしれません。

お金を目的にしたり、拝金的になったりすると貧困を招きます。お金を目的にしないための試練かもしれません。

投資であれば、セルフコントロール能力を身につけるための学習の場だったのかもしれません。

欲は、生きていくために必要ですが、コントロールできない欲は身を滅ぼします。

セルフコントロールは投資だけではなく、人生のあらゆる分野で必要なことですから、失敗を通して、正しいセルフコントロール能力を身につける訓練かもしれません。

王様は、そこからたくさん学び取ることができます。一方、奴隷は、そこに意味はないと思っていますので、何度も同じ痛い目にあい試練は続きます。

これは、大金を払って受けたセミナーだと痛みがあるので、しっかり学び、無料で受けたセミナーだと痛みがないので、身につかないことと似ています。

大金を払ったわけですから、そこからしっかり学習することが大切です。

あなたが、お金持ちの家に生まれ、何不自由なく、仕事をしなくてもよいような環境にいたら、感謝すべきことですが、それが不幸の原因になることもあります。

なぜなら、何不自由ない環境では自分の目的について考えることをしないため、生きている意味がわからず、生きがいを失う要因になるからです。

大金を失ったり、職がなくなったりしたときに、真っ先に考えるべきことは、自分の人生の目的です。

相場と友達になる

一般的に投資では、市場（しじょう）は戦うところだと思われています。つまり、市場は相手からお金を奪い取る、勝ち負け、勝負の世界だと思われています。

しかし、富は相手から奪うものという意識は奴隷マインドです。

一方、王様は、**相場は戦うのではなく、友達になるところ**と考えます。

■奴隷マインドの投資

一、相場は戦うところ
二、失敗はだれかの責任、利益は自分の才能と思う
三、欲と恐れで取引するため、天井で買って、大底で売る
四、大衆心理に陥り、確信をもって間違える
五、投資で疲れる
六、おいしいタイミングを待つことができない

七、上がると思って買ったものが思惑と反対に下落しても、手放すことができない
八、買ってから下落して損失があっても、売らない限り、損失ではないと思う
九、目先しか見えていない

七や八の考え方は、「自分が間違ったことを認めたくない」ことと「都合の悪いことは、受け入れたくない」という心理からくるものです。この心理は、自己防衛本能ともいえますが、奴隷マインドです。

■王様マインドの投資

一、相場は戦う相手ではなく、友達になるところ
二、失敗は自分の責任、利益はおかげと考える
三、相場をシンプルにとらえ、肩に力を入れずに気楽に取り組み、利益を得る
四、大衆心理に陥らず、客観的に見ることができる
五、おいしいタイミングを待つことができる
六、間違ったと思ったらすぐにリセットできる
七、遠く先まで見えている

投資においてでさえも、お金を得ることを目的にしないことが利益になります。

ティーブレイク・ストーリー

空を飛ぶ鳥、野の花

空を飛ぶ鳥は、種蒔きもせず、刈り入れもせず、倉に納めることもしません。
それでも、鳥は日々生かされて飛び回っています。
天が、鳥を養っているからです。

野の花は、どうして育つのか、心配していませんし、働きもしません。
働くことをしない花が、王より着飾っています。
天が、野の花を養っているからです。

人は、鳥より花より優れた者なので、天が養っていないわけがありません。
どうやって食べていけばよいか心配することはありません。
天が、人を養っているからです。

四章

王様の恋愛・結婚

個性豊かな自然体の魅力

あなたは、あなたでいることが一番よいことです。

自然体が一番だということです。あなたは、もともと王様ですから、**自然体とは王様でいることです。**

あなたは奴隷ではありませんから、人の目を気にする必要がありません。

多くの人に魅力的に見えるように努力することは、これは自分の魅力を失う方向になります。

なぜなら、常に自分自身に対して負担を強いることになり、周りの人には違和感を与えるからです。

モテたいと思っている人は、その気持ちが表情や態度に表れ、モテにくくなります。

モテたいと思う気持ちは、相手を操ろうとする力をもっているからです。操ろうとする人から王様は遠ざかり、奴隷ばかりが寄ってきます。

そもそも、八方美人になること、つまりだれにとっても魅力的に見せようとすると、だれからも魅力的に見えないものです。

特定の人、つまり自分の理想の相手に魅力的に見えることが大切です。

自然体であることは、ユニーク（個性的）ということもできます。

一人ひとり、個性豊かに、気質も性格も能力も違い、ユニークな存在です。人と同じにすることや、アイドルなどに似せようとすることは、自分の一番大切な部分に覆いをかけることといってよいのでしょう。

じつは、他の人と自分が違う点は、自分では魅力的に感じていないかもしれませんが、そこが、あなたの魅力です。

ファッションやスタイルや香りなどは、その人の意思の反映ですので、それなりの意識は必要です。しかし、自分らしさを大切にするなら、最新の流行を追うことや、高級ブランドを身にまとって価値をつけようとする必要はありません。

外観を飾るのではなく、**王様としての内面を磨き、王様の振る舞いをすることが魅力の本質**です。

楽しんで仕事をすることでモテる

ある大手調査会社が行った、「仕事と恋愛に関するモチベーション調査」（全国の二〇～四〇代の会社員六一八人を対象）で、恋人にしたい男性・恋人にしたい女性についてのアンケート結果を見ると興味深いことがわかります。

■女性が選んだ恋人にしたい男性のタイプ

一位「仕事を楽しむタイプ」
二位「プライベートを重視するタイプ」

■男性が選んだ恋人にしたい女性のタイプ

一位「プライベートを重視するタイプ」
二位「仕事を楽しむタイプ」

■男女ともに、恋人にしたくないタイプ

ワースト一位「役職や昇進にこだわる出世志向タイプ」

ワースト二位「報酬にこだわる報酬志向タイプ」
ワースト三位「周りの期待や評価を重視する期待・評価タイプ」

「仕事を楽しむタイプ」も「プライベートを重視するタイプ」も王様の仕事のスタンスです。王様は、生活のためではなく、嫌々でもなく、楽しんで仕事をします。**仕事を楽しむとは、与えられた仕事に対して使命感をもって取り組むことであり、仕事の奴隷にはなりません。**

「役職や昇進にこだわる出世志向タイプ」「報酬にこだわる報酬志向タイプ」「周りの期待や評価を重視する期待・評価タイプ」は奴隷マインドの仕事そのものです。

奴隷マインドは、同じ給料だったら、なるべく働かないで手を抜こうとするか、その反対に王様になろうと思って、出世や給料を増やすことを目的にしたり、地位や肩書きにこだわったり、他人の目を気にすることになります。

つまり、王様マインドは恋人にしたい、いわゆるモテるタイプであり、奴隷マインドは恋人にしたくない、いわゆるモテないタイプだということです。

王様マインドは、魅力的な女性・男性になる必須条件といってもよいでしょう。

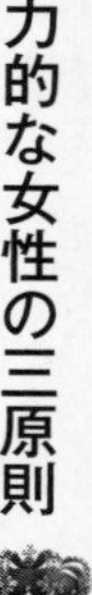

魅力的な女性の三原則

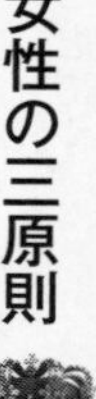

恋愛という視点から、魅力的な女性の三原則を見てみましょう。王様の三原則（二十八ページ参照）をアレンジすると次の三原則が生まれます。

■魅力的な女性の三原則

一、ラブリー（愛されている、愛らしい）
愛されていることを知っている女性は愛らしいです。
いつも笑顔です。笑顔でいるだけでその人は、周りを幸福にします。

二、ビューティー（外面と内面）
最高傑作としてつくられた者ですので自信をもつことができます。
内面が外面をつくります。

三、ユニーク・オリジナリティ
だれかと比べることなく、ユニークでよいのです。

これはオリジナリティがあるということです。だれかに似せたファッションなど、だれかを模倣する必要はありません。

女性が目指そうとしている方向は、必ずしも男性には魅力的ではないと感じられます。たとえば、すでに十分痩せている人が、さらにダイエットしようとしている姿は違和感があります。

その人らしいことと、愛らしくが基本なのかと思います。この愛らしくは、愛されている状態であり、笑顔で喜んでいる状態です。

男性にとって一番魅力的な女性を一言でいえば、「大変な状況のときでも笑顔でいられる女性」なのだと思います。

どんなにつらい状況の中でも、笑顔でいられる女性が男性のあこがれだといってよいのではないでしょうか?

笑顔は周りの人を幸福にしますが、つらい状況のときの笑顔は最高の励ましです。

人を幸福にし、励ますのは王様の資質です。

魅力的な男性の三原則

恋愛という視点から、魅力的な男性の三原則を見てみましょう。王様の三原則（二十八ページ参照）をアレンジすると次の三原則が生まれます。

■魅力的な男性の三原則

一、愛を原動力にする

愛を原動力にする人は、温かい力強さを与えます。裁きたい気持ち、恐れ、悲しみ、妬み、欲などの悪い感情はもちません。

二、健全な高いセルフイメージ（自信があり謙虚）

自信があり、しかも謙虚な男性はモテます。自信と謙遜は立ち居振る舞いにも表れ、セルフイメージが高いことは大切です。

三、使命に生きる

仕事をイキイキとすること、自分の使命に進む姿は、だれもがあこがれをもちます。

女性に対する態度を間違えると相手にされない、よい関係をつくれないということがあります。

■女性に対する四つの態度

・隷属的、つまりホスト的な態度は禁物

女性を大切にいたわる姿勢は大切ですが、一方的にチヤホヤするだけでは、男性側が長続きせず、結婚したとたんに冷たくなったという話も聞きます。

・支配的、またジゴロ的な態度は禁物

女性を支配的に扱ったり、だましたりでは、円満な家庭を築けません。

・女性を母親のように扱うのは禁物

尊敬することは大切ですが、パートナーは母親ではありません。

・自分の妹（王様の妹）として扱う

女性に認められようと思わず、相手を自分の妹だと思って接すること。

スタンスとしてはよい意味で父親のような**厳格で純真に、大きな愛をもって包む優しさをもつ**ことが大切で、愛する者のために命を捨てられる男性が一番魅力的です。

喜んでいるときが最高

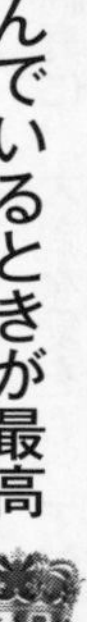

人に一番求められていることは「喜んでいること」です。喜んでいることは天からの人に対する命令だといってもよいでしょう。

なぜなら、人は喜んでいる状態が一番よいからです。

喜んでいる状態は、平和と平安をつくり出します。

喜んでいるときは、幸福と感じているときです。喜んでいるとき、人は他人を幸福にすることができます。

大事なことですが、何かよいことがあったから喜ぶのではなく、いつも喜んでいるのがポイントです。よいことも悪いことも、すべてのことに感謝することと同じです。

また、人が一番魅力的に見えるのは、喜んでいるときです。

顔がよいとかよくないとかいう表現をしますが、喜んでいるときの顔は、あなたの一番よい顔です。

喜んでいると、顔も姿もよく変わっていくものです。

内面が外観に表れるからです。

喜んでいるときは、恐れをいだかず、怒らず、悲しくなりません。そして悪いことも考えません。脳は二つの感情を同時にもつことができないからです。

そして、笑顔は人を幸福にし、笑顔は広がっていきます。

恋愛や結婚では、喜んでいることは特に大切です。

一緒にいるとき相手が喜んでいると、お互いに幸福です。

相手が喜びを見せないとしたら、それは苦痛なことです。なぜなら、**人は相手を幸福にすることで、幸福だと感じるものだからです。**

笑顔は、自分は愛されていること、健全な高いセルフイメージをもっていることの表れです。

笑顔が絶えない家庭をつくることを夫婦の目標にするのは、とてもよいことです。

不良にあこがれをもたない

若いときには、不良っぽく見せることがカッコよい、不良になりたいと思う男性は多いものです。

女性の場合は、自分が不良になりたいケースだけではなく、不良っぽい男性にあこがれることがあります。

不良にあこがれるのはアウトローになりたいという気持ちです。

アウトローは権威や法律に縛られたくない、つまり、法律を無視したいという奴隷マインドの表れです。

不良にあこがれる時期は、反抗期で、親から自立する意識が芽生えるときです。

親からの自立は必要なことです。親子の関係から、大人対大人の関係に切り替わるときだからです。

反抗期が終わると自立が完了し、反抗意識はなくなります。

大人になっても、不良にあこがれているとすれば、親への反発を引きずっていることが原因なのでしょう。

基本的に親の権威に反発しているうちは、中身はまだ子供です。

親の権威を否定していると自分の権威も確立されません。

結婚すると、親子間より夫婦の関係の方が強くなります。

不良にあこがれているときは、まだ人間関係を健全に築けないでしょう。恋愛関係や夫婦関係においてもよくないのです。

恋愛や結婚の前に、親との関係をよくしておくことはとても大切なことです。そうでないと、パートナーとの関係も、自分の子供との関係もうまく築けないからです。

六章の「親を尊敬する」を参考にしてください。

「お互いが王様」のパートナーシップ

どんな夫婦もパートナーも、自分の任せられた領域でお互いが王様です。

お互いが王様マインドになっていくと、その恋愛は長続きし、結婚生活もうまくいくことでしょう。

二人で一緒に、王様かどうかを、恋愛の視点からチェックしてみましょう。

このリストを見ると相手のことが気になると思いますが、**自分が王様になることだけ意識してください。自分は変えられますが、他人は変えることができません。**

王様マインド　KING MIND	奴隷マインド　SLAVE MIND
愛が原動力	恐怖・欲・怒り・悲しみ・プライドが原動力
与えることを考える	受けることを考える
平和	争い

相手を守る	自分を守る
体を張る	逃げる
誠実	不誠実
謙遜	高慢
人の意見を聞く	自分の主張を通す
希望	心配
感謝	恐れ・悲しみ
楽観的	悲観的
共存共栄	独占的・独断的
素直	かたくな
権威に従う	権威を無視する
自立	依存
家庭を守る	家庭をかえりみない
勤勉	働きすぎ・怠惰
人を支配しない・尊重する	人を支配したい

日々新しく、そして洗練されていく

結婚はゴールインという表現をしますが、実際はゴールではなく、夫婦が人生を共に築いていくスタートラインです。

夫婦は人生の大半を共に過ごす相手ですから、**お互いが日々よくなることを意識していくことが幸福のもとです。**

よくなるには二つの概念があります。「日々新しくなる」と、「日々洗練される」という概念です。この二つを二人が共有することは大切です。

一、日々新しくなる

魂は年月とは無関係に、若い魂をもちながら日々新しい発見をしていくことができます。歳をとっても、このように魂がキラキラしている人は魅力的な人です。

そして、魂がキラキラしていると、それが外観にも現れてきます。

実際に、日々使命に向かって歩んでいる王様は、魂も磨かれ、見かけも心も、実際の年齢より若いものです。

二、日々洗練される

歳を重ねることを「エイジング」といいます。これは、音楽愛好家の間でも使われている言葉です。

たとえば、高額な楽器でも最初のうちは荒削りな音がして、よい音とはいえないことがあります。高音がキンキンして、耳障りな音になっていることがあるのです。しかし、この荒削りな音がする楽器も、長時間、演奏をしているうちに、洗練された滑らかな美しい音になっていきます。これがエイジングで、よい意味なのです。人の場合も同じで、歳を重ねることで、荒削りな部分や未熟な部分は洗練され、内面を美しくしていくことができます。これは夫婦関係も同じです。

夫婦関係とは、それぞれ王様同士が、お互い協力し、日々完成度を上げ、補完し合いながら価値を上げていくものです。

与えることを考え繁栄する

王様は与えることを考え、奴隷は得ることを考えます。

王様は、「自分は国に対して何ができるか」を考えますが、奴隷は、「国は自分に対して何をしてくれるのか」と考えます。視点が正反対です。

家庭も、小さなひとつの国のようなものであり、同じことがいえます。

王様マインドでは「自分は相手に対して何ができるか」と考えるのに対して、奴隷マインドは「相手は自分に対して何をしてくれるのか」と考えます。

男女は性格や資質などに違いがありますが、結婚生活では、男女は、お互いの足りないところを補い合うことになります。足りないところを補うことが結婚生活といってもよいかもしれません。

自分が与えることだけを考えるのが円滑な夫婦生活の基本です。

たとえば、「食事をつくってあげた」「○○させてあげている」「私が養っている」というようなことを相手に言ったとします。

言われた相手は同じように、「私は○○しているのに」という思いがわきでて、うまくいかなくなるものです。お互いに相手を裁く気持ちが強くなってしまいます。

特に、自分では相手に与えているものしか見えず、相手から与えられているものが見えにくいために、このような発言をすることになります。

家庭の中で与えられた領域において、きちんと役目を果たすことは大切です。

このときに、**「与える者は与えられる」**という原則を知っておくとよいです。

これは、与える人には、それ以上のものが返ってくるということであり、人から奪う者はそれ以上のものを失うという法則です。

たとえ話ですが、天国でも地獄でも、同じ食べ物と、一メートルの長いスプーンと長いフォークが与えられています。地獄では、各人が一生懸命、長いスプーンとフォークを使って食べようとしますが、長すぎて口に運ぶことができず、全員空腹で、皆が怒っています。天国では、お互いがテーブルの向かいの人の口に、食べ物を入れてあげているので、皆満腹になり、笑顔です。

夫婦関係では、まさしく、このお互いが与え合うという意識が大切です。

あなただけの唯一の成功法則

唯一の成功法則を教えてくれるメンターがいる……この話を聞きつけ、高義(たかよし)は日本からはるばるロンドンまでやってきました。

高義は、二十八歳独身。給料が高いことで選んだ外資系金融機関に勤めていました。しかし、金融危機で日本から支社が撤退することになり、失職。

突然の失職から人生に迷い、成功の探求を続けた結果、そのメンターと出会えました。

メンターが言ったのは、たった一言でした。

「君の唯一の成功法則は一番身近なところにある」

高義は意味がわかりませんでした。「とりあえず家に帰ろう」。飛行機の中でもずっと考えていましたが、全然意味がわかりません。重いスーツケースを引きずり、家に向かってとぼとぼ歩いているとき、隣に住んでいるおじいさんにばったり会いました。

道すがら、高義はロンドンのメンターから聞いた話をしたところ、おじいさんはこんなことを話してくれました。

「成功する方法かぁ……わしには難しいことはわからん。ただ、おまえがまだ小学一年生のころ、トウモロコシが大好きだったよな。夏休みの日記に書いた、育て方、品種のこと、その知識はすごかったぞ。そして、おまえは言っていたな。『僕は、悪い土地でも育つ強い穀物を開発して、飢えている人を救うんだ』と。おまえは小さいとき、そんなことを考えている子供だった。だからじいちゃん、高義は将来立派な大人になると確信しておったよ」

高義は思い出しました。「そうだ、僕は農業で人を救おうと思っていたんだ」

しかし結局、就職に有利だからと文系に進み、給料が高いからと外資系金融機関に就職したのでした。おじいさんは言いました。

「人は、追求して得たものでなくては価値がない、探求したり修行したりしてがんばって努力すれば成功すると思っているが、それは大間違いだと思っとる。本当に大切なものは目の前にあったり、すでに子供のころの素直な心のときにもっていたりするものばかりなのだ。高義は子供のときから使命をもっていた。いまからでも遅くないぞ」

高義はガーンと殴られたようなショックを受け、それで目からウロコが落ちたように思いました。「これだ……」。新たな決心をしました。「貧しい人が飢えないために働こう」

五章

王様の仕事

仕事・社会貢献・遊びの三位一体

本来、仕事は使命です。使命である仕事とは、仕事を楽しいと感じ、その仕事をすることで社会がよい方に変革していくものです。

つまり、**仕事も**、**社会貢献も**、**遊びも**、**ひとつのこと**です。

しかし、人生の大半の時間を仕事に費やしながら、働くのは生活のため、残りの時間に、社会貢献と遊び……と、切り分けてしまう人が多いのではないでしょうか。

これでは、人生は時間がいくらあっても足りませんし、足りたとしても、どれも中途半端です。

王様マインドは、**人を幸福にするとお金は後からついてくる**、**人を富ませることで報酬を得る**という考え方です。仕事自体が、社会をよい方向に変革するものです。

一方、同じ時間働くなら、手を抜いて、楽な仕事だけして、できるだけ怠けようとするのは奴隷マインドです。

使命感がないため、仕事に充実感や楽しさを感じませんし、給料や報酬もなかなか上がりません。会社の業績が悪くなると真っ先にリストラ対象になります。

その反対に、「奴隷でいるのは嫌だ」「貧しいのは嫌だ」「王になりたい」という思いで上昇志向が過剰だったり、また働きすぎだったりするタイプ。このタイプも、奴隷から這い上がろうという気持ちの表れで、やはり奴隷マインドです。

また、このタイプは、自分が出世することは、だれかの出世やポジションを奪うことと考えます。本人は意識していなくても、自分がお金持ちになることは、だれかが貧乏になること、他人と競争して勝たねば、お金持ちになれないと思っています。富は限定的だという考え方から、出世競争や、足の引っ張り合いとなります。

できるだけ手を抜こうとするのも、お金や地位を目的に猛烈に働くのも奴隷マインドです。残念ながら、いまの日本の社会はこのようなマインドに覆われています。

本来は、富の取り合いではなく、富をつくり出し、**各自それぞれの領域で、王様として共存共栄する**ことができます。

創造性豊かに仕事をするので、給料や報酬も必然的に高くなります。出世競争をしなくても、気づくと出世していることになります。

小さな仕事・嫌な仕事でも使命感をもつ

あなたの人生には目的・使命があります。ある映画で、「目的のない人生は地獄だ」というセリフがありましたが、もし、あなたの人生に目的がないとしたら、生きがいがない、つまらない人生になってしまいます。

あなたは人生の目的・使命を実行するため、与えられている領域で王様であり、権威が与えられています。

このようにお話しすると、「いまの仕事は、楽しくないし、だれも幸せにしていないから自分の使命じゃない」と、思う人もいるかもしれません。

ここで大切なことは、いま、置かれた職場や領域で、権威ある王様として使命感をもって働くということです。つまり、いまやっている自分の仕事が使命でなければ、すぐに辞めましょうということではなく、**いまの仕事に使命感をもって取り組むことが大事なことです。**

たとえば、新入社員として入社した人が、この会社の社長になることが使命だとしても、すぐに社長室に配属され、そのまま社長になるということはありません。新入社員が社長になる過程では、営業、総務、経理など、自分の不得意分野や泥臭い仕事ばかりをして、最後に社長になります。

これは、最終的な使命に入る前に訓練期間が必要だということです。最初から、自分には営業は向いていない、経理は向いていない、早く社長の仕事をすべきだと、目の前の仕事をいい加減にしていたとすれば、その人は社長になることはないでしょう。

小さいことに忠実な人には、大きなものが任せられるのが原則です。小さいことをないがしろにして、大きなものを求める人は、ステップアップできません。

また、最初から使命に直接かかわるとは限りません。いくつかの異なった分野の仕事や職業をこなしてから、最終的な使命に向かうこともあるでしょう。

「若いときの苦労は買ってでもしろ」といわれるように、若いうちはいろいろな仕事を経験することも大切です。その時々に置かれた領域で、小さいことであっても使命感をもって誠実に取り組むことが道を切り開いていくからです。

アルバイトからでも社長になる

同じ定型作業の繰り返しばかりの仕事――工場の製造ラインや電話対応などの場合、すぐに辞めてしまうか、与えられた仕事をこなすだけの人が多いものです。

しかし、使命感をもった王様がラインで作業をすればどうでしょう?

ラインの改善点や、会社全体の中での工場の役割などを考慮しながら仕事をしていくことになります。

そうすれば、当然のことながら、工場の問題点などが見えてくるので、ラインを管理する業務、そして工場長へと昇進していく可能性があります。

アルバイトやパートであっても、社長に提案をするのはよいことです。

一部上場企業のブックオフコーポレーションや吉野家ホールディングスのようにアルバイトから社長になったケースもあります。

日々の与えられた仕事にプラスアルファの視点をもち、それを実際に行動や提案

につなげていく態度は大抜擢される要素です。

これは、毎日、何か大きなことをやろうということではなく、**大きい視点をもちつつ、毎日の小さな積み重ねが大きな結果を生む**ということです。

社長の視点をもって、現在の業務をしっかりやることで、より大きなものを任せてもらえます。

与えられた領域で王様になるとは、このようなことです。

企業側は、社長の視点で売り上げを増やしたり、品質を向上させたり、顧客満足度を上げられる人が欲しいのですが、そのような王様マインドの人は少ないものです。

企業の採用が減り、就職難といわれていても、実際には、会社側はよい人材がいないと嘆いているのが現状です。

言われたことだけをやるような人、つまり奴隷は不要です。

言われなくても自分で考えて、自立して仕事ができるような王様はぜひとも採用したいのです。

自信と謙遜をあわせもつ

セルフイメージが高い人は自信があります。

そして、自信がある人は仕事ができます。

世の中で仕事ができる人は、自信にあふれて仕事をしているものです。

自信は、物事を前向きにとらえることができ、大きなことを成し遂げる力ですので、自信をもつのは大切なことです。

たとえ、大きな壁や、いくつかの失敗があったとしても、最終的に大きな目的を達成する力になります。

自信をもつことで、たくさんの才能が開花し、増します。

仕事ができ、才能が増すと、さらに自信が強化されます。

ところが、大切な自信も成果が上がれば上がるほど、だんだん高慢になり謙虚さが失われていくことが多いものです。

最初、成功者に見えた人も、高慢に陥り、気づくと破綻していることが少なくありません。

高慢が人を堕落させるのは、歴史上、何度も何度も限りなく繰り返されてきたことです。

そこで大切になるのは謙遜です。**自信と同時に、謙遜する気持ちをもつ**ことがとても大切です。

しかし、謙遜には王様マインドの謙遜と、奴隷マインドの謙遜の二種類があります。

王様マインドの謙遜とは、天から才能を与えられたことを感謝し、天に生かされていることを感謝することからくる謙遜です。

一方、奴隷マインドの謙遜とは、「自分は才能がない者です」というような自己卑下であり、偽物の謙遜は、才能を埋没させ自己憐憫(れんびん)に陥ります。

自信と謙遜を両立させる秘訣は「感謝」です。

才能は天から与えられたものであり、そのことを感謝する気持ちが謙遜を生み、自信と謙遜がそろったときに、最大の力を発揮します。

間違ったプライドをもたない

健全で高いセルフイメージをもつことは大切です。

これは、**プライドと一見似ているもののまったく異なるもの**です。

プライド（ここでは自尊心と定義します）は、自己中心や見栄が強いものであり、高慢な態度が見え隠れします。

一方、健全で高いセルフイメージは謙遜を伴います。

つまり、以下のような違いがあります。この違いを理解することは大切です。

- 健全で高いセルフイメージ　自信＋謙遜→繁栄
- プライド（自尊心）　自信＋高慢→衰退

プライド（自尊心）は、健全で高いセルフイメージの偽物です。

たとえば、セミナーに参加したり、本を読んだりして、気分が高揚し、自分が価値ある者だと思ったとします。

そのとき、謙遜があれば、本来の健全な高いセルフイメージです。人生が繁栄するきっかけになるでしょう。高慢な気持ちからくる自信だとすれば、それはプライドであり、衰退の危険があります。

プライドは、その人の成長を止めてしまうことになります。

他人に対して、「こんなことも知らないのか」と思うようになったら、高慢のサインです。

健全で高いセルフイメージの人は、人のアドバイスを聞きます。

一方、プライドが高い人は、他人からアドバイスされても、的外れや批判に聞こえて受け入れることができません。

大切なことは、天が味方についているから力があるということです。その時々に必要な知恵や、状況が整えられ、導いてもらっているから強いのです。

自分の力を誇り始める、また、がんばろうという思いは、自分の力だけを信頼しているということですので衰退していきます。これは、能力が高い人ほど、陥りやすい罠です。自信とは、自分の弱さをも、そのまま受け入れることです。

自分より優秀な人を活用する

自分より優秀な人が、いかに喜んで仕事できる環境を作るか。

これが企業の繁栄に必要です。

社員は、仕事が楽しく、顧客を創造していくため成績も上がります。

だから、企業は繁栄します。

王様は自分より優秀な人に、それぞれの役割を与え、権限をもたせて、自分は彼らをサポートし最終責任を取るだけにします。

そして、部下が招いた失敗は自分の責任とします。

これは、サーバントリーダーという概念のリーダーシップです。

ある経営コンサルタントが、「王様マインドの社長より、奴隷マインドの社長の方が多い」と言っていました。

それは、奴隷は嫌だ、王様になりたいと思って独立して社長になるケースや、社長のポジションが欲しくて出世競争をした結果、社長になる傾向があるからでしょう。

リーダーになりたい、トップになりたいというモチベーションでリーダーやトップになると、王様ではなく奴隷の親分が誕生します。

奴隷の親分は、王様とは正反対の意識をもちます。

奴隷の親分の下で働く部下は奴隷マインドになりやすく、その組織の特徴は、上司の機嫌を伺い、部下には強く当たります。これが組織の中で連鎖し、蔓延（まんえん）します。

奴隷マインドの人は、自分がリーダーであることや肩書きにこだわり、自分より優秀な人が自分の下にいることが、心地よくないこともあるでしょう。

また、部下の成功は自分の功績、自分の失敗は部下の責任となり、このような組織は、硬直化するので、永続的には繁栄しません。

売り上げが上がらないと、社長は自分の戦略がいけないとは思わずに部下の努力や気合が足りないとして、ノルマをきつくしてしまいます。

ノルマがきつくなると、優秀な社員から会社を離れることになり、業績はさらに悪化します。

結果的にイエスマンだけが残ります。イエスマンは奴隷マインドの象徴です。

子供をアドバイザーにする

よいアドバイザーをもつことが大切だと一般的にいわれます。

それは、配偶者や上司、コンサルタントであったり、メンターと呼ばれる人であったりします。

そして、顧客は一番のアドバイザーでもあります。

顧客の満足度を上げていくことが、ビジネスの基本だからです。顧客にヒアリングするとビジネスが伸びるヒントがあります。

このようによいアドバイザーをもつことはとても大切です。

もっと大切なことは、だれが言うことでも、**たとえ子供の言うことにも耳を傾けることです**。

もちろん、的外れな意見も多く忍耐も必要ですが、有益な意見も含まれます。

人はプライドが高くなればなるほど、自分より若い人の意見や目下の人の意見を聞かなくなります。そうなったときに、その人の成長は止まり、衰退期に入ります。

インテリジェンスが高い人ほど、若い人の意見を聞くといわれています。**聞く側が子供のように素直な態度で聞くこと**です。素直な姿勢の人には、率直な意見を言いやすいからです。

高慢になると、人の意見を聞かない、だれにも意見を言わせない雰囲気をかもしだします。これは奴隷の態度であり、硬直化している状態であり、他人への影響力も衰退します。

ビジネスがうまくいかないのは、「当たり前のことができていない」のが原因という場合が大半でしょう。

レストランであれば、とびきりおいしいものを提供すれば、行列ができます。しかし、経営が苦しくなっても味を上げる努力をしないところがほとんどです。他では提供できない上質なものを提供することが富を生みます。

聞く耳をもたない、柔軟性がない、頭が固くなっていて、**子供が指摘するような基本部分ができていないことが、ビジネスでうまくいかない原因**なのです。

危機管理能力をもつ

王様は、国民を守るために、突然の災害や、敵の侵略などに対処する危機管理能力をもつ者です。これは、仕事でも、家庭でも適用できます。

危機管理能力とは、リスクを先読みして、それに備えるということです。

まず、いまが「想定外の災害が多発する時代」だと認識することが大切です。しかし、多くの人は、いまがそのような時代であることに気づいていません。

東日本大震災のときに、いままで津波がここまできたことがないという理由で、自宅に残ったため、逃げ遅れてしまった方がいらっしゃいました。

とても残念なことですが、もしいまが想定外の災害が多発する時代だとわかっていたら、事前に対処できたり、すぐに逃げたりすることができたかもしれません。

ビジネスでも、同じような問題があります。

たとえば、現在多くの会社のサーバーが東京に集中し、データのバックアップを地方にもっています。

東京を大型地震が襲ったとき、津波による浸水や、電源が何か月も失われたりすることで、サーバーが稼動しなくなる可能性が高いと推測されます。

現在企業の基幹部分にインターネットの活用が進んでいるため、サーバーが数か月ダウンすると、致命的なダメージを受けることがあります。

自分の会社は、地方にバックアップをしているから安心だ、と思っているかもしれません。しかし、金融機関や大企業は別としても、多くの場合バックアップデータとは、サーバーを立ち上げられるデータではなく、顧客や売り上げデータだけなので、サーバーをすぐに稼動させることができません。

つまり、東京のメインサーバーが破損した場合、すぐに地方でサーバーを立ち上げられる企業は限られています。

なぜ、このような状況になっているかといえば、それは、**各部門のプロが社長の立場での危機管理意識をもたずに、ごく狭い範囲にしか目を向けていない**からです。

高い視点で、先を見通し、事前に対処しておくことは、まさしく王様マインドであり、いまの時代に、私たち一人ひとりに求められていることです。

朝起きたら一番大切なことをする

朝起きたら、まず、一番大切なことをすること。

新聞を読むのではなく、メールをチェックするのでもありません。

朝一番で行うことは、**心を静めて、今日一日、何をすべきかを天に聞くこと**です。毎日やるべきことをやることが使命につながり、あなたを王様としていかすことになります。

これは、目的を与えた主に聞くということで、聞く先を間違えると、間違ったメッセージを受け取り、的外れな結果となります。

いままで「朝起きたら一番大切なことをしなさい」という言葉を聞いたことがあったかもしれません。それでも、「一番大切なことは何か」については聞いた覚えがなかったのではないでしょうか？

同様に「お金は目的ではなく手段である」と言われたかもしれませんが、お金は何の手段か、本書を読むまでは聞いた経験がなかったことでしょう。

人にとって一番大切なことは、天につながっていることであり、お金が手段とは、自分の使命に進むために使うことです。このような本質部分を理解しない限り、途中までは正しくても最終的に正しくない結果を招きます。

一番大切なことをせずに、目的と手段を間違えて、やらなくてよいこと、やってはいけないことを一生懸命やる、大切な時間や労力そして人生を浪費することは避けたいものです。

これらを的外れといい、的外れの結果として、王様が奴隷に堕ちてしまいました。的外れの奴隷になったといってもよいでしょう。

たとえば、ある会社で、毎週月曜日の朝一番に、その週に何をするかの会議を開くようにしました。

しばらくして、会議をすることが目的になり、結果的に、一番大切な時間を会議でつぶすという、本末転倒になってしまった……ということはよくあることです。

優先順位を正しく定め、目的と手段を間違わず、目的も手段も理解することは、王様マインドであり、朝一番の時間の使い方で決まります。

素直さと策略をあわせもつ

素直な人は、勉強でもビジネスでもスポーツでも、何をやっても伸びるものです。

スポーツでは、よいコーチに指導された素直な人は、きれいなフォームを身につけ、きちんと基本をマスターし、素晴らしいプレーを見せるようになります。

勉強でも、素直な生徒がよい先生に指導されると、本質を理解して、素晴らしい吸収力で習得し、よい成績を残すことになります。

素直さは王様の素晴らしい資質のひとつです。しかし、素直なだけではビジネスはうまくいきません。

たとえば、素晴らしい成績を残し、素晴らしい論文を書いて、立派な経営学の教授になっても、その人が実際に企業の経営を行った場合に、うまくいくとは限りません。

なぜなら、経営するには、多方面において実践的な知恵が必要になるからです。

さらにいえば、戦略・策略も必要になります。

策略は悪い言葉だと思いますが、よいことのために使う策略です。

つまり、**ビジネスでは、素直さと同時に策略が必要になります。**

ビジネスや、私たちの生活全般にわたって、奴隷マインドのアプローチや構造が築かれていますので、それを見分けて、賢く対処することが必要です。

たとえば、悪徳な詐欺師を相手に、戦う弁護士であった場合、素直なだけでは悪と戦うことができません。

詐欺師の手口を先読みして、逃げ口をふさいだり、尻尾をつかむための策を施したり、自分の逃げ口を確保しておく視点も必要です。

奴隷マインドの手口を理解し、その手口を逆手にとっていくなど、知恵と策略、抜け目のなさが必要です。

また、大きな視点での戦いと同時に、局所戦も必要でしょう。

王様は、平和をつくり出す者ですが、悪とは戦う必要があり、**戦いには、正義感や愛だけではなく知恵と戦略・策略が必要です。**

世の中が変革していくときには、特に必要になってくる要素でしょう。

常識を疑ってみることで創造性を発揮

素直さは大事ですが、常識を疑ってみることや、先生の教えることが本当かと考える視点も必要です。

これは、素直さを抑えるのではなく、反対の視点をもつということです。

常識だと思っていたこと、皆が思っていたことに、案外、間違いがあるものです。

この意識は、大衆心理は損をするということにもつながります。

いままで常識だと思っていたことが常識でないことがわかったとき、大きな飛躍があります。

走り高跳びで、背面跳びを最初に見た人々は、この奇妙な跳び方を見て、有り得ない跳び方だと思い、この選手は嘲笑の的となりました。

ほとんどの人が、間違った跳び方だと確信したのです。

嘲笑の的となりながらも、この選手は背面跳びの練習を重ねて、ついに、背面跳びで金メダルを取りました。

いまでは、背面跳びが高いバーを越える一番の方法だと皆が思い、選手は全員、背面跳びで跳んでいます。背面跳びで金メダルを取った瞬間は、世の中の常識を疑ってみることの大事さを皆が知った瞬間だったのです。

このように常識を疑ってみることが大切です。

しかし、懐疑主義に陥ってはいけません。懐疑主義は、批判的な思いを基本にしています。懐疑主義に陥ると、創造性を喪失することになります。

二つを比べてみましょう。

常識を疑ってみる	懐疑主義
素直	素直ではない
前向きな探究心	批判的な思い
創造的	破壊的
王様マインド	奴隷マインド

王様は、素直で、前向きで、探究心があり、常識を疑ってみることで、創造性を発揮する者です。

パーソナル・ブランディングの基本をおさえる

米国では、すでに労働者の四割近くが在宅勤務だそうです（全米家電協会調査）。その流れの延長線上に、パーソナル・ブランディングがあります。

ブログ、ツイッター、フェイスブックなどインターネットの先端ツールを駆使し、自分の強みや、やっていることなどを、世の中に直接アピールしようとするものです。

会社組織や社会システムに埋没するのではなく、それぞれの才能や個性を多くの人に知ってもらうということです。

適切なパーソナル・ブランディングは、個人をいかし、収入もよくなります。これは、社会的にも価値のある大切なことだと思います。

ただし、**パーソナル・ブランディングをする前に、自分がどのような存在かを、まず知る必要があります。**

自分を確立しない限りは、ブランド化ができません。パーソナル・ブランディングの本を読んでも、その一番重要な部分について言及されていません。

「自分はどんな存在か」「何が使命なのか」「何が好きなのか」「どのような才能があるのか」「自分のビジョンは何か」……を、**自分自身で明確にした上で、ブランド化する**必要があります。

これができていない状態で、外観的・ファッション的なブランディングをした場合には、遅かれ早かれ、表面的だと気づかれてしまいます。

そして、とたんに逆効果となります。なぜなら、「浅はか」というブランディングになってしまうからです。

自分を確立するファーストステップは「自分はだれか？」「自分はどのような存在か？」を知ることであり、これを理解することです。

王様マインドは、まさしく、パーソナル・ブランディングの基本部分です。

あなたは、天に愛され、最高傑作としてつくられ、人生に目的が与えられている者だと理解することが基本です。

人をコントロールしようとしない

会社の中で、上司が部下を力ずくでコントロールしようとすることがあります。

「大きな声で怒鳴る」「昇給や昇進をさせないぞと脅かす」などという、パワーハラスメントが問題になっています。

これは、上司に権威があるから部下をコントロールしようとするのではなく、**上司に権威がないので、部下を自分の力でコントロールしようとした結果**です。

上司が部下をコントロールしようとするだけではなく、部下が上司をコントロールするケースもあります。

たとえば、謙遜を装ったり、おだてたりして上司の考え方を変えようとしたり、お中元やお歳暮を必要以上に贈ったりすることなどです。

人間関係で一番問題となる部分が、人をコントロールしたい、支配したいという潜在的な気持ちです。これは奴隷マインドの性質で、自分では気づいていないものです。

王様は、人をコントロールしようとしません。相手の人がどう行動するかは相手に任せます。お互いが王様だからです。

自発的な行動でなければ意味がありませんし、コントロールすれば確執を生むため自分にとってもフラストレーションとなります。

人をコントロールするアプローチは、販売促進でも使われます。

・いま買うと、ハワイ旅行が当たる

・皆が買っている幸せになるダイエットサプリメント、数量限定しかも特別価格

どちらも、王様マインドの人が聞けば違和感を覚えるようなものですが、奴隷マインドの人が聞くと、心がひかれるかもしれません。

なぜなら、セールストークには奴隷マインドを刺激し、コントロールしようとするアプローチが含まれるからです。

王様は、人をコントロールしませんし、されません。

王様は、心が解放されているので、奴隷マインドのアプローチは通じません。

永続的に繁栄するビジネス

ビジネスでは奴隷マインドを刺激するアプローチが使われます。

そのようなビジネスは、一時的には儲かったとしても、永続的な繁栄にはつながらないものです。

なぜなら、奴隷マインドを刺激した後には、奴隷マインドを強化する商品やサービスを勧めることが多く、顧客を最終的に幸福にできないからです。

顧客を幸福にできないビジネスは、あるタイミングで急速に衰退するでしょう。

一番困ることは、その商品やサービスが奴隷マインドを強化するものだと気づいている人が少ないことです。なぜなら、買う側も売る側も奴隷マインドだからです。

たとえば、次のようなセールストークやフレーズは、奴隷マインドを刺激し、共感させるもので、隠されたメッセージがあります。

■使命を否定、目的と手段を入れ替えるもの（的外れ）

- 「働かないで大金を手に入れる方法」……仕事は使命なのにその使命を否定
- 「貧乏から脱出して大富豪になる秘訣」……大富豪を目的に設定している
- 「出世する極意」……出世を目的に設定している
- 「人を動かす十か条」……人を支配しようとしている
- 「このカードで、あなたもセレブに」……人の価値をモノに依存している

■健全な高いセルフイメージではない

- 「この商品で、あなたは幸福感を得ます」……欠乏感をモノで埋めようとする
- 「愛される方法」……すでに（天より）愛されているのに愛されていないように思わせている

また、「特定のモノ・サービスなどを使い続けないと生きていけない」などの依存させる仕組み、「劣悪な労働条件で働かせる」などの搾取する仕組みも、奴隷マインドの仕組みです。

これらも、最初は売り上げが上がっても、最終的に衰退することになります。

王様マインドのビジネスは人を幸福にし、永続的な繁栄となります。

これに気づいた人が、これからのビジネスリーダーです。

時代に乗るのではなく、時代をつくる

いままでのビジネスは、時代の大きな波に乗ると利益になりました。

高度成長時代は、どの産業も拡大していたので、電機メーカーや自動車メーカー、建築・土木や、それに引っ張られる形の金融機関などでも、普通にやっていれば成長することができました。

高度成長期から成熟期に移行すると、ＩＴや携帯電話のように、局所的に伸びる産業についていくことで、成長することになります。

携帯電話が普及し始めた時期に、携帯電話のメーカーや代理店は、追い風でしたので、大きな利益を得ることができました。

しかし現在、過去の経験が通用しない、つまり**過去の延長線上に未来がないような時代を迎え、いままでと同じ視点では先読みが難しい時代**になってきています。

これは、一人ひとりが、使命に向かうことが求められているのであり、使命に向かう人たちが、時代をつくるのでしょう。

時代に乗ることから、時代をつくる時期に移行したということです。

そして、奴隷マインドのビジネス、支配的、搾取的、利権的なビジネスは衰退し、創造的な王様のビジネスが伸びていくことになるのでしょう。

いままで、支配と隷属、搾取や利権で収益を上げていた構造が崩れていき、**個人や会社、また国というレベルで、それぞれの個性や創造性をいかし、WIN-WINで皆が幸福になるビジネスが伸びていくのでしょう。**

王様マインドのビジネスのキーワードは次の通りです。

- 共存共栄
- 使命に生きる
- 愛を原動力にする、与える
- 創造的、深い知恵
- 調和
- 永続的によい変化をもたらす

これからのビジネスの成功は、いままで以上に王様マインドであることが大切です。

まわり道さえメリット

（百二十二ページからのつづき）

高義は、自分の子供のときの素直な思いから遠くはなれていたことを反省し、まずすべてのことを感謝し、素直な思いをもつことにしました。

いろいろな本を読むことから農業の勉強を始めました。実際に各地で研究している人たちに謙虚に話を聞きに行きました。現場には多くの知恵がありました。そして高義自身も、いくつもの案がひらめきました。

高義の熱心にそして謙虚に聞く姿勢、多くの人のためにという熱い気持ちに賛同者がどんどん増えていきました。

研究者が、互いの知恵を融合していくことは少なかったので、高義は短い期間で、その道の第一人者になっていました。

かんばつに強く、しかもおいしい品種は自然な栽培方法が大切であることがわかりました。

また、単に品種改良の視点だけではなく、貧しい国では、穀物の被害が一番多いのは収穫後にネズミが食べてしまうことだったので、ネズミの被害にあわないような倉庫を用意しました。

外資系金融機関にいたことで学んだ、マイクロファイナンスという担保のない人たちにも融資をできる仕組みを組み合わせることで、彼らを自立させて搾取的な農業からの脱却も可能にしました。

高義は、自分が就職に有利、給料が高いという、目先の理由だけで選んできた道を後悔していたのですが、いままで、まったく無駄だったと思っていたことさえも、益となったのです。

最新のファイナンスの知識をいかし、実践的な改革と根源的な問題解決ができたのです。

高義のおかげで、貧困や飢えで苦しんでいた人々は、搾取的な構造から解放され、荒地でも収穫ができ、土地も豊かになりました。

ネズミの被害から逃れ、飢えから人を救うことになりました。

高義が小学一年生のときの夢がかなったのです。

高義は、出会った多くの人たちに使命に生きることの大切さを伝えたので、飢えから救うだけでなく、国が豊かに栄えることにもなったのです。

六章

王様の教育

王子・王女を整えるというスタンス

人は、それぞれユニークで個性豊かな存在であり、価値があり、一人ひとり大きな使命をもっています。

教育とは、**その一人ひとりを立派な王として整えていくことであり**、才能を見出し、いかして、伸ばしていくものです。教育とは何と尊いことでしょう。

教える側が王様の立場で、**自分の王子・王女に教えるというスタンスが必要**です。

しかし、日本の現在の教育を見ると、かなり奴隷マインドの教育になっています。

王様マインドの教育は、**自分で自分の道を考える教育**です。自由な発想で、各自に与えられている才能を引き出し、自分で考えさせ、創造性を伸ばす教育です。

一方、奴隷マインド教育は、自分で考えることをさせずに、言われたことを忠実に実行させるための教育です。○か×で形に合わせるという教育で、均一化され教えられたことを模倣する傾向があります。先生の教えることを覚えるのが基本です。

自分の使命とは関係なく、給料の高いよい会社に入るためによい大学に行くという発想が奴隷マインドの発想です。

王様マインドの教育と奴隷マインドの教育を対比すると、その違いが明らかになります。

王様マインド　KING MIND	奴隷マインド　SLAVE MIND
創造的	模倣・陳腐
自分で考える	自分で考えずに他人の考えに従う
好奇心がある	好奇心がない
積極性あり・能動的	積極性なし・受動的
主体的・自発的	従属的・自分が傷つくことは避ける
原理原則を知る（根源的）	ノウハウを知る（目先的）
正しい目標をもつ	目標がない・的外れな目標をもつ
計画的	無計画・気まぐれ・途中で投げ出す

タイガー・ウッズの王者の教育

プロゴルファーの中でも、抜きん出た成績で有名なタイガー・ウッズ。私生活はわかりませんが、少なくともゴルフでは王様ぶりを発揮しました。

タイガーのお父さんは、屈強な戦闘員であるグリーンベレー（米陸軍特殊部隊）でした。

グリーンベレーは、国のために死を恐れずに戦うという強靭な精神力が必要とされ、タイガーに、その精神を教えたそうです。

プレッシャーや修羅場を乗り越えるときは、「よいとき」として教えました。

これは、プレッシャーがかかったときに緊張しないということではありません。プレッシャーがかかったら悪い結果になると思うのではなく、プレッシャーがかかったらよい結果になると思うのです。さらに、優秀なコーチをつけて、勝負における王者のマインドを徹底的に教え込みました。

他のスポーツと比べて、ゴルフは成功より失敗の方がずっと多いといわれ、失敗しても自分を責めないことが大切になります。

これは、**失敗しても自分の価値が落ちないことを理解する**ということです。

彼は、王様のように自信たっぷりにプレーをします。**気合を入れる必要はなく、強い意志で勝とうとするのでもなく、優勝は当然という思いでプレーをしています。**

あるトーナメントで、タイガーのライバルがパットを外したら、タイガーの勝ちという局面になりました。そのようなライバルがパットを打つとき、普通の人は、相手のパットが外れるように念ずるものです。

しかし、タイガーは違いました。タイガーは、相手のパットが入れと念じたのです。

相手がよりよいプレーをすることで、王者である自分はさらによいプレーができるというのが王様マインドです。

相手がミスをするように、パットの直前にせきをして邪魔するようなプロもいますが、これは、相手を引きずり下ろそうとする奴隷マインドです。

失敗を恐れずに堂々としている王様マインドは、スポーツにおいても成功マインドであることがよくわかります。

ほめて育てる

知人が、自分の娘を育てるとき、毎日「○○ちゃんはかわいいね」と言って育てました。すると、最初その娘さんは、むずがゆがっていたものの、だんだん自分はかわいいんだという意識が芽生えてきたそうです。

最初むずがゆかったというのは、人は生まれながら奴隷マインドの意識をもってしまっていることを示します。

ほとんどの子は、だれかに、「○○ちゃんは、かわいいね」と言われると、はにかんだり、否定したりするのですが、その子は、堂々と「ありがとう」と答えます。

これを聞いて、ほめた大人がビックリするそうです。

常に次のように子供に語りかけると、スクスク健全に育つ基礎ができます。

「あなたを愛している」「世界で一番大事な子」

「あなたは、何てかわいいの」「あなたは、何て優れているの」

「あなたは、私たちが望んでいた子」

言葉には力がありますので、よい言葉を使うことは大切です。反対に言えば、たくさんほめてあげないと、子供は、奴隷マインドから抜け出ることができません。

他の人に、**「〇〇ちゃんは優秀ね」とほめられたら、「そんなことはないですよ」とは口が裂けても言ってはいけません。**子供がそう思ってしまうからです。

「はい、優秀な子です」と明確に答えてあげましょう。

本来、親にとってしかることより、ほめることの方が気楽だと思います。苦言を呈するよりほめることの方が、言う側にとっても平安があります。

しかし、ほめることが少ないとしたら、それは、ほめることやほめられることに慣れていないことがひとつの理由です。

もちろん、悪いことをしたらしかることも必要です。

しかるときは愛情をもって厳しくしかることが大切です。愛情があるかないかで、結果はまったく違ってくるものです。

王様は愛を動機としてしかりますので、しかられた子供は傷つきません。

上手にほめる、しかることができるようになったら、あなたも王様です。

正義の大切さと限界を教える

子供たちに正義を教えることは大切です。

悪の道に行かないために、そしてよいものをつくり出すために正義が必要だからです。

正義は王様の資質であり、高潔に生きることにもつながります。

しかし、正義だけでは世の中を変える力が弱すぎることも教える必要があります。

正しいことを主張しても、そこに愛がなければ、人は動きませんし、世の中も変わりません。また、正義は人の数ほどあります。

たとえば、大学入試に遅刻して、入試を受けられなかったAさんの例です。

Aさんは入試に向かう途中で交通事故現場に遭遇し、怪我をしたBさんを我を忘れて熱心に助けたため、Bさんは一命を取り留めました。

しかし、Aさんは大幅に遅刻して入試を受けることができませんでした。

あとから、その大学の学長は、我を忘れて人助けに没頭していたAさんの話を聞いて感動し、そのような人であれば、ぜひうちの大学に来てほしいと、Aさんを無試験で合格とし、Aさんは無事にその大学に入学することになりました。

Aさんは、もともと、成績が悪くて最初から合格は半分諦めていたのですが、学長の熱意に応えて、入学後熱心に勉強をしたので、素晴らしい成績で卒業しました。また、事故で助けられたBさんも、人を助けることが使命だと感じ、救急隊員となって活躍をすることになりました。

試験を受けていない人が合格するのは正義に反するのかもしれませんが、愛は正義を超えて人を動かします。**人は理性で動くのではなく感情で動く**からです。

愛は感動を与え、その感動がさらに他の人をよい方向に変えていきます。

一方、正義は、独りよがりになりやすく、愛のない正義は、暴力にもなります。怒りなどが原動力になっているからです。戦争さえも双方が正義だと思っています。

インターネットの掲示板で、「こうあるべきだ」「これはおかしい」という内容の書き込みの根底は、実際には正義感というより、裁く思いであり、正義と勘違いしていることが多そうです。なぜなら、正義の偽物が裁く心だからです。

王様は、**愛を原動力に正義を行います。**愛は周りによい影響を与えるパワーです。

預金させるときの一言で子供の未来をつくる

日本では、学校や家庭でも、お金についての教育がほとんどされていません。

そのため、お金について間違えている人や、お金については人任せにして、自分で考えない人が多いようです。大人がお金について知らないために、子供にもお金の本質について教えることができないのです。

そのような状況ですが、「無駄使いしてはいけない」ということはしっかり教えている人も多いでしょう。

正月のお年玉など、すぐに使わないお金は貯金することを勧めるのはよいことです。しかし、一点注意すべきことがあります。

親は、お金は大事だから貯金しておきなさいと言って貯金をさせます。ここには、お金を貯めることは大事というメッセージがあります。

お金を貯めることはよいのですが、「使わないお金を貯める」ことだけしか言わないと、次のような思考になる可能性があります。

「お金は大事。お金を貯めることはよいこと」→「お金をたくさんもっていることはよいこと」→「お金を貯めることが目的」→「お金持ちになることが目的」

三章でもお話ししましたが、お金の目的を誤ってしまいます。

そこで、貯金するときに次のように言ってみましょう。

「お金は、あなたが、大きくなって自分の使命に向かっていくときに必要になるから、それまで貯金をしておきましょう」

ここには次のメッセージがあります。

- あなたの人生には目的がある、あなたには使命がある
- 使命に向かうためにお金は使うものだ
- 使命に使うお金は大事なので貯金しよう

同じ貯金をするのでも、ちょっとした言い方で、その子の意識は大きく変わってくるものです。そして、使命は生きがいにつながるものです。

鷲の視点でビジョンをもつ

高い鷲の視点をもつことは、未来を見通すために必要なことです。

未来を見通すことは、仕事でも投資でも、様々な分野において必要です。

特に、いまの大きな変革の時代には必要です。

なぜなら、いまは過去の延長線上に未来がないような時代であり、プロが確信をもってなしても間違える時代だからです。

プロは過去の経験が豊富なことで未来を予測できたわけですが、想定外のことが多発する時代は、自分の経験がアダとなり間違えることになります。

だからこそ、必要なことは**高い視点でビジョンをもつこと**です。

ビジョンとは「少年よ、大志をいだけ」の大志だと思っていただくとよいでしょう。つまり、**将来、何になりたいか、どのようなことをしたいか、何のために役に立ちたいかという意識をもつこと**です。

最初から具体的なものでなくても、漠然としたビジョンでもよいです。

また、歴史から学ぶことが大切といわれますが、これも高い視点のひとつです。

メディアで一時期、百年に一度の金融危機が起こったといわれましたが、百年前の危機の状況をくわしく覚えている人はいないでしょう。

そこで、人々は普遍的な原則を求めて、過去をさかのぼっています。

王様マインドは人類が最初にもっていた根源的なマインドです。一番古いものの中に一番新しいものが存在することがわかります。

高い視点でものを見る王様は、国を建て上げ繁栄させる者ですが、一人ひとりが、この王様としての視点をもつと国も大きく変わります。

そして、国民一人ひとりが、国が自分に何をしてくれるのか、ではなく、**国に対して何ができるかという視点**をもっている国は繁栄します。

私たち一人ひとりが、**日本をどうするか、世界をどうするかという視点をもち、歴史から普遍的な法則を学ぶ**という姿勢は大切です。

教育をする側も、高い視点をもって子供たちに接すると、そこに、新しいよいものを生み出すことになります。これは、新しい創造といってもよいものです。

アウトプットから始める

何かを始めるときに、まず学習して十分知識を得てから、それを使おうと考える傾向があります。インプットは、とても大切なことです。

しかし、十分知識を得てから、何かを成そうとすると、なかなか前に進むことができません。一生かかっても一歩も踏み出せないかもしれません。

何かを成そうとするときは、**アウトプットすることを意識し、まずやってみること**が大切です。

学習でも、教える側が一番学習します。

教える側は、学んだことをアウトプットすることで、頭が整理され、より理解が深まり、さらに、相手にとってわかりやすく表現するという応用にもなります。

これは、**考えてから走るのではなく、走りながら考える**ということです。走りながら、方向を絶えず修正していくことです。

こうすることで、どんどんステップアップし、次々と予想もできないステージにたどり着くことになります。

人生は、ステージを一段ずつステップアップ、つまり段階的に進むものです。最初からゴールが見えていなくても、一番目のステージに着くと、次の二番目のステージが見えてきて、二番目のステージに着くと、三番目のステージが見えてくるように、段階的に先が見えてくるものです。

各ステージに着くたびに、経験や環境、知識や人脈がレベルアップしていますし、考え方も変わってきます。

最初に予測していた以上の自分になっているものです。

自分が、半年後に、こんなレベルになっているとは思わないようなスピードで、ステップアップを繰り返す時期もあるでしょう。

ビジネスでも、**よい情報を発信する人によい情報が集まります**ので、ここでもアウトプットが大切であることがわかります。

学んだら、まず実践することで、次のステージに進むことができます。

親を尊敬する

子供が親を大切にし、尊敬することは、とても大切なことです。

単なる道徳的なことに聞こえて軽視されがちですが、じつは、**本人や子供たち、そして子孫たちの人生を大きく左右する**ほどのものです。

親を尊敬することは、ほとんどの人が見逃している「幸福になるための原点」です。

王様が王様とされるのは、王様としての権威を上から与えられたからであり、自分の上の権威を無視する者には与えられません。

つまり、王様は王位が承継されたから王位と権威があり、権威を否定することは、自分の王位を自ら断ち切ることです。

さらに権威を無視すると、王位とともに承継されてきた守りや祝福さえも断ち切られ、衰退を招きます。

親は子供を健全に育てる使命と、それに伴って権威が与えられています。そして、親の権威の下にいることで、祝福や守りが承継されます。

親を尊敬しないことは、親の権威を否定することです。自分の上の親の権威を否定することは自分の権威をも否定することになり、守りも祝福も断ち切られます。

教育でも、必ず、親を尊敬することを教える必要があります。

しかし、親が自分の子供に、親を尊敬しなさいと言っても聞かないでしょう。

あなたが、**自分の両親に対して尊敬の念をもって接するとき、あなたの子供はあなたを尊敬するようになります。**これは、あなた自身にとっても、とても大切なことです。

もしかすると親から虐待を受けるなど、親とのよい経験が少ない人もいるかもしれません。

それでも感情的には尊敬できなかったとしても、**「両親を許し、尊敬します」と声に出して言う**ことはできます。

言葉は力をもっています。

親を許し、尊敬することで、権威と祝福と守りが、自分だけではなく子供と子孫にも注がれることになります。

心の傷を修復する

自分が王様であると思えない原因のひとつに、心の傷があります。人は、他人の言葉や態度で、心が傷つくことが多く、それが癒されていないのです。外傷はすぐに癒えますが、心の傷は治りにくいときがあります。

心に傷があると、批判、裁き、妬み、ささいなことで怒る、無視する、関係を断つ……など他人を傷つけることが多くなるので、心の傷は他人にはよくわかります。

子供は、小さいほど傷つきやすいので、子供の心の状態をよく見ておきましょう。親や大人が、たっぷり子供を愛することが一番の心の癒しになります。

子供にではなく、自分の心に傷がある場合、早い段階で癒す必要があります。なぜなら、心に傷があると、子供や他人の心を傷つけるもとになってしまうからです。

心の傷が癒されるためには、次の三つが必要です。

・すべてのことに感謝すること

・自分が天に生かされ、愛されていることを理解すること

・許していない人を許すこと

許すとは、その人と和解することです。他人だけではなく自分を許す必要がある人もいます。

自分の心には傷などないし、和解が必要な相手はいないと思っている人でも、忘れているだけや、意識を向けないようにしているだけの可能性があります。

たとえば、道で知り合いに会ったとき、先に気づいたのに、気づかないふりをする、明るくあいさつできない場合、その相手こそ和解すべき人です。

また、自ら縁を切ってきた人、もしくは、縁を切るように仕向けてきた人がいれば、その人とも和解が必要です。

相手がどこにいるかわからない、もう亡くなっているというケースもあるでしょう。その場合には、相手を祝福して祈ることができます。「○○さんが祝福されますように」と、言葉に出すわけですが、感情ではできなくとも理性ならできます。すべてのことに感謝をして相手や自分を許すことは、奴隷マインドからの解放になります。

最初の小さい一歩で未来をつくる

・自分が愛されている存在であること
・最高傑作としてつくられていること
・人生には目的があること

人は、この三つを理解すると平安になります。

人生に目的があることを知ると、自分の目的とは何かを探るようになり、おぼろげながらもわかってきます。

しかし、そこで小さい一歩を踏み出さないで止まっていると、何も始まりません。入り口で止まった状態で終わる人も多いものです。

最初の一歩を踏み出すことが大切です。

童話にあるように、カエルにさせられていた王様は呪縛を解かれると、一瞬で王様に戻ります。同じように、**奴隷が王様に戻るときはあっという間**です。

そして、その突破口は、最初の小さな一歩です。

巨大なダムが決壊するときでも、最初は小さい、ひび割れから始まります。

人生の突破口とは、人生の目的を知ろうとする小さな、小さな一歩です。

この小さな一歩を踏み出せない理由のひとつは、受動的な教育を受けていることかもしれません。

奴隷マインドの教育は、自分で考えることをさせずに、言われたことを忠実に実行させるための教育です。つまり、自分で自分の道を考えることをさせない教育です。

王様マインドの教育は、使命に生き、国を建て上げ、繁栄させるために、様々な実践的な知恵をつけていく教育です。

机上の知識は実践を経ることで知恵となり、実践によって得た知恵は力を得ます。

自分の目的は何かを知ろうとする小さい一歩が、人生の突破口であることはもちろん、閉塞(へいそく)感のある社会の突破口を開くことでもあるのです。

人生の目的を知る方法の概要は、じつは本書にすでに書いてあるので、何度も読むことでわかりますが、終章にも記してあります。

ティーブレイク・ストーリー

戻ってきた息子

あるところに莫大な富をもった人がいました。その人には息子が二人いました。広い敷地には、豊かな農場や牧場や美しい野山もあり、まるで楽園です。そこには、いろいろな仕事があり、多くの人が働き、何不自由ない生活ができます。

ある日、弟の方が、お父さんに言いました。

「相続財産を生前にわけてください、町に行って事業を立ち上げますから」

お父さんは、息子のために、一生かかっても使い切れないほどの財産を現金で渡しました。弟は、すぐにその大金を持って、なるべく遠い町に行きました。

町で一番大きな家を買い、羽振りよく暮らしていると、悪い友達が集まってきます。ギャンブルにはまり、一晩で家一軒買えるような大金を失うこともたびたびでした。

収入もないのに、散々遊んでしまったので、生活もままならなくなりました。

食堂の裏のごみ箱から残飯を盗んで食べ、飢えをしのいでいましたが、昨日は犬の餌を横取りしようとして、犬にかまれてしまいました。

もう何日もまともに食べていないし、雨が降ってきたので、寒さで凍えそうです。

何で、こんなに落ちぶれた人生になったのだろう。このままだと死んでしまう。いまの生活と比べると、お父さんのところは、まさに天国でした。

彼は我に返り、「よし、お父さんのところに戻ろう」と決心しました。彼はお父さんに言う言葉を考えました。「お父さん。私はお父さんの期待を裏切り、天に対して、そしてお父さんに対して罪を犯しました。あなたの子と呼ばれる資格はありません。雇い人のひとりにしてください」。しっかり練習してからお父さんのもとに行きました。

ところが、まだ家までは遠かったのに、お父さんは彼を見つけ、かわいそうに思い、走り寄って彼を抱きしめ、口づけをしました。お父さんは、毎日毎日、息子が帰ってくるのを心待ちにしていたのです。

息子は言いました。「お父さん。私はお父さんの期待を裏切り、天に対して、そしてお父さんに対して罪を犯しました。あなたの子と呼ばれる資格はありません。雇い人のひとりにしてください」

ところが、お父さんは、しもべたちに言いました。

「急いで風呂の用意をして一番よい着物を着せ、指輪をはめ王冠をかぶせてあげなさい。それから、最上のステーキと、ごちそうを用意して宴会を始めます。今日は死んでいた王子が、生き返った喜びの日だから」

終章
あなたが王様になれば世界が変わる

激動の時代のいまこそ王様マインド

二〇一一年三月一一日の東日本大震災後、人の意識が大きく変化して、漠然とした反省の意識が芽生えました。

しかし、何をどう反省するかわからない人が多かったようです。

私は、大地震や金融危機・経済危機というショックは、私たちが一人ひとり与えられている人生の目的（使命）に向かうことが求められているにもかかわらず、的外れな人生を送っていることへの警鐘だと判断しています。

あなたが使命に生きることが、いま、求められているのでしょう。

与えられた領域で王様として生きることです。

王様として生きることは、あなたが豊かで充実した人生、つまり成功に導かれる唯一の、しかももっとも簡単で楽な方法だといえます。

しかも、あなただけではなく、あなたの周りもよくなります。

使命に生きる王様マインドは、あなたと私たちの住む日本、そして世界がよくなるための突破口なのです。

日本や世界をよい方向に変革することは、大げさなことではなく、一人ひとりの小さな一歩から始まります。

このことをお伝えするのが著者である私の使命なので、本書を執筆しました。

王様マインド・奴隷マインドという表現が浮かんだのは、東日本大震災後の福島第一原子力発電所における事故対応からでした。

王様は国民を愛し、国民を守るために命を捨てる覚悟ができていて、国を建て上げ繁栄させる使命をもつ者です。

被曝のリスクを負い、命がけで原発に注水した勇者の素晴らしい働きに感動した方も多かったと思います。

一方、国民を守るために重要な、風向きから放射性物質の流れをシミュレーションするＳＰＥＥＤＩ（緊急時迅速放射能影響予測ネットワークシステム）の情報は、事故当初の一番必要なときに公開が止められていました。

混乱を避けるためだと思いますが、もし、これが自分たちの立場を優先したために情報を公開せず、国民を危険な状況に置いたのであったら、それは奴隷マインドです。

いずれにしても、原発事故は、原発自体の弱さだけではなく、国民を守る策や危機管理能力が政府に欠落し、奴隷マインドで国が運営されていることを、世界に印象づけることになりました。

政府が奴隷マインドだと批判することは簡単です。

そのような政治家を選んできたのも、いまの政府をつくったのも、私たち国民が奴隷マインドであったことが原因です。主権の意識が国民になかったからです。

大震災で、学んだことは、私たち一人ひとりが王様マインドに戻ることです。

いまの激動の時代は、いままで隠れていたことが明らかになる時代です。

隠れていたものが明らかになっていくと同時に、本来の正しい国の姿に変革していくいまの時代は、難問も続出します。

そのため、本当に国民を愛し、国民を守るために命を捨てる覚悟ができて、日本を愛し、国を建て上げ、繁栄させる使命感がある王様マインドの議員や官僚だけが残る時代だと思います。

隠れていたものを明らかにするとは、闇に光を当てることであり、王様の任務です。

私たちの中の埋蔵金

戦後、日本は資源のない国だからと世界の工場として位置づけられ、工業以外の金融や芸術などの分野は冷遇されてきました。

国民は猛烈に働き、銀行に預金をして、銀行はその資金を企業に融資して設備投資をするという大きなサイクルがつくられました。

このとき、国民は、自分で考えるのではなく、工場の機械の歯車であるようにと奴隷マインドが強化されることになったのでしょう。

教育も、個々にユニークな才能を伸ばし、自分で自分の道を考えさせる教育ではなく、自分で考えることをさせず、言われたことを忠実に実行させるための奴隷マインドの教育によって才能が埋没してしまいました。

使命を見つけ、才能をいかして、伸ばすのではなく、給料の高いよい会社に入るために、よい大学に行くという考え方が主流になってしまいました。

そのため、才能が埋没することになりました。

じつは、日本にはレアメタルや金（ゴールド）など資源が豊富であることが人工衛星の調査でわかってきたそうです。

しかし、**何より先に掘り出すべきものは、私たちの中の埋蔵金**です。

埋没してしまった才能や使命を引き出すことが大切です。

私たち、一人ひとりが王様マインドになったとき、一人ひとりがよくなると同時に日本は素晴らしい国となり、世界をリードしていくことになるでしょう。

そういう意味でも、封印されていた王様マインドという概念が日本から蘇（よみがえ）ったのは大きな意味があると思います。

共存共栄の社会へ

日本人は、天職や天命にあこがれる国民であり、「子供は天からの授かりもの」「天に生かされている」という考え方をします。

このように、天に愛されているという意識をもつ国民です。つまり日本人は本来、王様マインドをもっているということです。

日本人が王様に戻るのは、簡単なのだと思います。

日本が変わると世界が変わっていきます。

西欧の経済モデルは奴隷制度の背景があったためか、搾取的、支配的な側面をもっています。

日本は搾取ではなく、共存共栄、ＷＩＮ-ＷＩＮの社会を目指す新しいタイプの経済モデルとして繁栄し、その繁栄から、世界のリーダーとなっていくのでしょう。

政治家も官僚も、国民を愛し、国民を守るために命を捨てる覚悟ができて、国を建て上げる使命をもった者となり、国民も国が何をしてくれるのかではなく自分が国に何ができるか考える……そんな国がよくならないわけがありません。

日本人は、よくも悪くも変わるときには、突然大きく変わります。

皆が王様マインドに目覚めるために、あなたの周りの方々に王様マインドの概念をお伝えいただければと思います。

王様マインドと奴隷マインドの比較

最後に、王様マインドと奴隷マインドを対比して掲載しておきます。

じっくり比べていくと、王様マインドがイメージできますので、王様マインドに回復する手助けになります。

この対比表を読み飛ばしてしまう人は多いと思いますが、日々必要な大切な心構えのエッセンスです。

王様マインド　KING MIND	奴隷マインド　SLAVE MIND
根幹部分	
世の中がシンプルだと知っている	世の中は複雑だと思っている
共存共栄	自己中心的・相手を出し抜く
愛が原動力	恐怖・欲・怒り・悲しみ・プライドが原動力
感謝	被害妄想・批判的

使命感あり	使命感なし
神とともに使命に歩む	自己実現（自分が設定した目標の実現）
平和	争い・戦争
大きな視点・高い視点	小さい視点・低い視点
ビジョンがある	ビジョンがない
正義	不義・裁く心
権威に従う	権威を無視する
神を恐れる	人を恐れる（人の目を恐れる）
他人に成功・幸福を与える	自分のことばかり考える
国に何ができるか考える	国がどうしてくれるか考える
人を励ます	他人の批判
天の知恵を使う	自分の知恵を誇り頼る
的確	的外れ
喜び	悲しみ・失意
人を支配しようと思わない	人を支配したい・隷属したい

危機管理ができている	リスクに無頓着
自分のことが大好き	自分が嫌い

仕事

繁栄	衰退
サーバントリーダー	カリスマリーダーもしくは隷属
天職を求める	楽して儲ける
仕事はミッションだと思う	仕事は生活の糧を得る手段
目的と手段を理解	目的と手段が混同・本末転倒
楽しく働く	働くのは苦痛
富は創造するもの	富は稼ぐもの（ゼロサム＝富は一定）
報酬はついてくるもの	報酬にこだわる
与えることを考える	受けることを考える
出世しなくても王	出世にこだわる（出生して王になりたい）
失敗を成功に転化する	失敗を恐れて行動しない
人の評価が気にならない	人から評価されたい（自分の立場は相対的）

自分を正当化しない	自分を正当化する
問題解決は簡単だと思う	問題解決は難しいと思う・問題をたくさん思いつく
会議では全体の利益を考える	会議では自分の主張を通す
人を成功させたい	自分だけが成功したい
責任感がある	無責任
戦略をもつ・策をこらす	無策
言うべきことを言う	イエスマン（何でもイエスと言う）
部下にイエスマンはいらない	部下は皆イエスマン
教育	
王としての帝王学	奴隷として服従する教育
自分の目的を見出す	自分の目的はない・もしくは考えない
自分で考える	他人の考えに従う・言われたことを忠実に実行する
創造的	破壊的・模倣・陳腐
才能が開花する	人の真似をする
自立	依存

生活		
	新しいことに挑戦	保守的
	積極性あり・能動的	積極性なし・受動的
	主体的・自発的	従属的・自分が傷つくことは避ける
	目が輝いている	目が死んでいる
	好奇心・向上心	無関心
	集中力がある	気が散る
	本質を理解する	本質がわからない・目先のことにとらわれる
	普遍性を理解・判断基準をもつ	普遍性を認識せず判断基準がない・優柔不断
	原因と結果を知る	結果だけに目を向ける
	正しい目標をもつ	目標がない・的外れな目標をもつ
	計画的	無計画・気まぐれ・途中で投げ出す
	自己投資する	自己投資しない
	時間を活用する	時間を浪費する
	人格的な成長を続ける	現状に甘える

円満・一致	分裂・離婚
調和	不和
家庭を守る	家庭をかえりみない
親を大切にする	親を大切にしない
ひとりでも安心	大きい会社・組織に属していると安心
お金・投資	
お金は手段	お金を目的
安くても不要なものは買わない	バーゲンだと買ってしまう
価値があるものにお金を使う	見栄にお金を使う
どこに投資するか考える	どこで買えば安く買えるかを考える
富を与えたいと思う	富を受け取りたいと思う
自己責任	他人のせい
政治	
民を守る	自分を守る
国を建て上げ繁栄させる	自分の利益

国民のために命を捨てる覚悟	国民を見捨てる
情報を開示する	悪い情報は開示しない
人の意見を聞く	自分の主張を通す
危機を乗り越える	危機に便乗・逃げる
自分が権威をもっている	利権・賄賂・権力が欲しい
国を建て上げる	自分の利益・地位を考える
自由	監視・コントロール・支配・奴隷化
変革と調和	破壊と分裂
バランス	
バランスがよい	バランスが悪い
生まれながらに王	奴隷から王になりたい・奴隷だからしかたない
自信があり、謙虚	自信がない・傲慢
謙遜・謙虚	高慢(プライドが高い)・横柄・自己卑下(卑屈)
勤勉	働きすぎ・怠惰
信仰的	宗教的・世俗的

寛容	厳格（完全主義）・ルーズ
勝利者（成功を気にしない）	自分は失敗者・成功者だと思う
その他のスタンス	
愛	支配欲・独占欲
笑顔	笑顔がない・作り笑顔
高潔	下劣
高貴・気品	下賤
凛としている	負け犬の遠吠え
公正	不正・陰謀・利権・賄賂
平安・安息・心配しない	不安・雑然
安定	不安定
自分や他人を許す	自分や他人を許せない
他人と比べない	他人と比べる
他人に好かれようと思わない	他人に好かれたいと思う
尊敬	妬み・裁く心

希望	失望
期待感・満足	閉塞感・不満足
期待して行動する	不信感から行動できない
楽観的	悲観的
素直	かたくな・意固地
純粋	不純
成熟	未熟
洗練	荒削り
富裕	貧困
永続的	刹那的・その場その場での対応をする
誇り	愚痴や言い訳が多い
澄む	濁る
柔軟・多様	形式的・画一
誠実	不誠実
客観的に見ることができる	主観的にしか見えない

常識を疑ってみる	懐疑的
多様性を認める	無理に統一・画一的
いまと未来に生きる	過去に生きる・過去のよい思い出にこだわる
シンプル・秩序	複雑・混乱
人の幸福を考える	自分の都合を考える
自由・改革	形式的・保守的
自分の非を認める	言い訳が上手
気力が充実	無気力・うつ的
情け深い	情け知らず
大切なものを守る	大切なものを守らない
人生の目的を知ろうとする	人生の目的を知ろうとしない
歩み出すことができる	歩み出すことができない
欲をコントロールできる	欲をコントロールできない・欲の奴隷

この比較は**他人を判断するためではなく、自分がどうであるかを判断するために活用**してください。

本書はスラスラ読めてしまいますが、深い内容なので、何度も読み返していただくとよいと思います。

読むたびに、新しい発見があると思います。

パッと開いたところを読み返していただくのもよいでしょう。

本書はいままで、あなたが知っていると思っていた事柄であっても、聖書の原則から、さらに一段深いレベルまで書きましたが、**王様の概念は基本的に旧約聖書の範囲で解説**しています。

いまは王様についての理解を深めるのではなく、王様マインドを広く知っていただくことがよいと思うからです。

また、王様マインド・奴隷マインドの視点は、世の中の事象をシンプルに説明できる画期的なツールであり、問題の本質を理解し解決するために有効です。

あなたが、与えられた領域で王となり、あなたの人生に大きなよい変革と祝福があるように、お祈りしております。

松島　修

P.S. 大事なお知らせがあります。

「人生の目的を知る方法」と「王様の国つくりの基本」をホームページに書きましたので、本書を気に入っていただいた方はぜひこちらもご覧ください。

6000年ドットコム　http://www.6000nen.com/

また、三十二ページでご紹介した、王様マインド・奴隷マインドの判定を、簡単にチェックできるようにホームページをつくりました。よろしければ、こちらもご覧ください。

王様マインド・ドットコム　http://www.king-mind.com/

ご自分が王様であることに、

お気づきいただけたでしょうか？

どうぞ、王様が集まるパーティーに、

ご出席ください。

あなたの時がきました。

とびきりおいしいご馳走と、優雅で美しい響きの音楽で、

あなたをお待ちしております。

ドレスアップは必要ありません。

そのままのあなたが、
最高のあなたですから……。

ゆったりとした、

ひとときをお楽しみください。

KING MIND OR SLAVE MIND

そうそう、この本は、どうぞ、

あなたの大事な人に、お渡しください。

その方にも、

王様であることに気づいていただくためです。

あなたの大事な人に王様だと気づいていただくことは、

あなたの王様としての務めです。